욕망의 모모(某某)한 대상

영화 속 욕망 이야기

욕망의
모모(某某)한
대상

서곡숙, 최재훈 외

영화 속 욕망 이야기

| 목 차 |

제3부 공포, 복수 그리고 신과 자본의 욕망

제4부 진실, 그리고 욕망의 해소

김경욱

영화평론가, 세종대학교 강사. 저서로는 『블록버스터의 환상, 한국영화의 나르시시즘』(2002), 『나쁜 세상의 영화 사회학』(2013), 『한국영화는 무엇을 보는가(2016)』 등이 있다. 현재 <르몽드 디플로마티크>에 「김경욱의 시네마 크리티크」를 연재하고 있다.

서곡숙

영화평론가 및 문화평론가. 비채 문화산업연구소 대표, 세종대학교 겸임교수, 국제영화비평가연맹 한국본부 사무총장. 영화장르에 관심을 두고 있다.

서성희

영화평론가. 강연과 다양한 매체를 통해 영화를 소개하고, 영화 생태계를 살리는 일에 관심을 기울이며 활동하고 있다. 현재 대구경북영화영상사회적협동조합 이사장으로 독립영화전용관 오오극장 대표와 대구영상미디어센터장을 맡고 있다.

성진수

영화평론가. 영화연구자. 제5회 영화평론가협회 신인평론상으로 등단. 소규모 영화제에서 활동을 하였으며, 팟캐스트 '영화광의 탄생: 파이트클럽' 시즌2, 시즌3을 공동 진행하였다. 현재 대학에서 영화 관련 강의와 연구를 진행하면서, 비정기적으로 영화 칼럼을 쓰고 있다.

송영애

영화평론가 및 영화연구자. 서일대학교 교수로 재직 중이다. 한국영화 역사와 문화, 교육 관련 연구를 지속하며, 영화 글을 기고하고 있다. 공저로 『은막의 사회문화사』(2017), 『한국영화감독1』(2020) 등이 있다.

이승민

영화평론가, 영화연구자, 영화 기획자. 용인대학교 초빙교수로 재직 중이고 독립영화와 다큐멘터리영화 연구와 강의에 집중하고 있다. 저서로 『한국다큐멘터리의 오늘』(공저), 『아시아 다큐멘터리의 오늘』(공저), 『영화와 공간』 등이 있다.

안치용

한국CSR연구소 소장 겸 지속가능저널 발행인. 영화평론가. 경영학 박사. 지구, 인류, 사회, 그리고 인간의 지속가능성과 사회책임 의제에 관심을 기울이며 개인적으로 문학·신학·영화를 공부하고 있다.

임정식

영화평론가. 제1회 <쿨투라> 신인문화평론상 수상하며 등단. 스포츠조선 연예부장. 영화 서사를 신화의 관점에서 살펴보는 작업에 관심이 있다. 저서로 『대중스타 이미지 탐구』, 『스포츠영웅의 비밀』 등이 있다.

정재형

1984년 6월 월간지 스크린에 김효천 감독 영화 동반자 영화평을 통해 평론 활동 시작. 유현목, 임권택, 초창기 한국 영화, 제3세계영화, 독립영화, 실험영화, 익스팬디드 시네마, 영화산업, 스타일 분석, 등에 관심이 있다.

지승학

영화평론가. 2011 동아일보 신춘문예 영화평론부문으로 등단. 현재 고려대학교 응용문화연구소 연구교수로 재직.현재 <르몽드 디플로마티크>에「지승학의 시네마 크리티크」를 연재하고 있다.

최재훈

영화평론가 및 문화예술 칼럼니스트. 37회 영평상 신인평론상을 수상하며 등단. 월간 객석 등 각종 매체에 영화와 공연예술 칼럼을 연재하고 있다. 영화를 오독하지 않고 정직하게 읽어주는 평론가를 꿈꾼다.

뜨거운 욕망과 차가운 외로움 사이, 그 어딘가

최재훈

결핍이 심할수록 상상력은 풍부해지는 법이다. 세상의 모든 색감을 모아도 표현하기 어려울 정도로 다채로운 우리의 욕망은 늘 채워지기 어려워 우주만큼 팽창하는 상상력으로 자란다. 마치 추위와 무관심을 극복하기 위해 성냥을 켜는 것처럼 영화는 관객들이 처한 현실과 다른 환영을 보여준다.

또한 욕망은 테두리가 무척 화려하지만 거울 면은 깨진 것처럼 우리의 현실을 반영한다. 영화는 온전히 제 모습을 보여주지 않고, 깨진 조각 사이로 비틀어진 세상을 비친다. 그래서 깨진 거울은 직접 반영하는 내용이 아니라, 반영하지 않는 내용 때문에 그 표현력이 강해진다.

어떤 욕망은 사회적 통념과 맞선다. 억누를 수 없는 욕망이라는 도덕적 딜레마에 빠진 주인공을 단죄하는 결말은 동물적 욕망에 대한 대리만족과 함께 도덕률에 갇힌 관객의 상식적인 삶을 안도하게 만드는 이중적 태도를 취하는 경우가 많다. 사회적 도덕률과 인간 욕망의 자발성, 그 사이의 힘겨루기에서 인간 욕망이 도덕을 누르는 순간, 열띠게 순수했던 인간의 '욕망'은 도덕적 비난에서 벗어날 수 없기 때문이다.

이러한 사회적 함의 속에서 욕망에 관한 영화는 그 태도에서 명백하게 갈등에 빠지고 만다. 따라서 주인공의 욕망을 적나라하게 드러내는 동시에 사회적, 문화적 함의를 그 위에 단단하게 덧입어야 한다. 하지만 그런 안전장치를 과감하게 깨부수고, 강렬한 메시지를 선택하는 영화도 있다.

날개가 있는데 좀 날면 어떤가?

라스 폰 트리에 감독의 영화 <님포매니악>(2014)에는 이런 대사가 나온다. 어떤 영화는 주인공의 일탈을 비난하고 단죄하면서 관객의 죄의식을 덜어주지만, 또 어떤 영화는 욕망을 인간 본성 그 자체로 바라보면서 면죄부를 주기도 한다. 영화 속에서 욕망은 다양한 은유로 환치된다. 어떤 영화는 욕망이라는 것이 특별한 것이 아니라 삶의 여러 영역에서 일어나는 그저 하나의 일상일 뿐이라고 말한다. 그렇게 사람을 품는 서사구조를 통해 다양한 영화들이 인간의 욕망을 인문학적, 철학적 관점에서 탐구한다.

『욕망의 모모(某某)한 대상 : 영화 속 욕망 이야기』는 루이스 브뉘엘 감독의 영화 제목 <욕망의 모호한 대상>을 응용하여 만들었다. 모모(某某)하다는 단어는 '모모 대학 출신' 같이 어떤 사물을 한정하지 않고 이를 때 쓰는 말이다. 인간의 욕망은 다양하고 한정 짓기 어렵다.

이 책에서 다루는 영화 속 주인공들은 대부분 충족되지 못한 욕망으로 마음이 시린 사람들이다. 이 영화를 만든 감독들은 마음이 시리고 외로운 사람들의 맨발을 꾸역꾸역 들여다보자고 말한다. 역설적이지만, 진공상태에 가까운 공허함은 그 크기만큼이나 큰 울림을 만들어 낸다. 이번 도서를 통해 11명의 평론가는 찬란하고 다채로워 쓸쓸한 인간의 욕망을 내밀한 시선으로 바라본다.

제1부 '몸, 파국, 욕정'을 통해 지승학 평론가는 정윤희라는 배우의 몸을 통해 기술의 변화를 논하고, 성진수 평론가는 영화 <깊고 푸른 밤>에 드러난 파국에 이르는 욕망을, 서곡숙 평론가는 <두 개의 사랑>을 통해 쌍둥이처럼 서로를 비추는 욕망을 이야기한다.

제2부 '가족, 자기애'를 통해 김경욱 평론가는 봉준호 감독의 <마더>에 드러난 엄마의 욕망을 살펴보고, 서성희 평론가는 <기생충>을 통해 드러나는 가족들의 욕망을, 최재훈 평론가는 결혼과 이혼이라는 이야기를 통해 나를 사랑하고 싶은 욕망을 이야기한다.

제3부 '공포, 복수 그리고 신과 자본의 욕망'을 통해 송영애 평론가는 <블레이드 러너>를 통해 욕망의 미래를 살펴보고, 임정식 평론가는 영화 <올드 보이>와 <킬링 디어>를 통해 복수를 갈망하는 욕망을 보여준다. 이어 안치용 평론가는 <더 플랫폼>과 <비버리움>을 통해 인간의 욕망과 신의 욕망을 말한다.

그리고 마지막 챕터인 제4부 '진실, 그리고 욕망의 해소'를 통해 이승민 평론가는 영화 <유키코>를 통해 진실을 향한 욕망을 정재형 평론가는 <카이로의 붉은 장미>를 통해 바라본 꿈꾸기를 통한 욕망의 해소를 말한다. 총 4부로 나뉜 본 저서에 참여하는 11명의 평론가들은 다양하게 변주된 욕망을 각자의 시선으로 내밀하게 들여다본다.

출판 상황이 어려워지고 있음에도 욕망이라는 주제로 평론가들의 글을 모아 책으로 엮은 성일권 발행인에게 감사의 말씀을 전한다. 비평의 기능도 지면도 점점 사라지고 있는 현실에서 그의 든든한 지지 덕분에 가치 있는 평론집이 발간될 수 있었다. 영화를 인문학적 관점에서 더 깊고 넓게 연구하는 평론가들의 다채로운 시선이 영화를 더 깊고 넓게 이해할 수 있는 하나의 화살표가 되길 바란다. 더불어 11명의 원고를 성실하게 하나로 묶어 평론집을 만들어 준 김유라 기자님, 조예리 디자이너님, 최승은 팀장님 그리고 편집부 모든 분들께 감사의 인사를 전한다.

2021년 1월
필자를 대표하여
최재훈

제1부

몸, 파국, 욕정

1장
기술변화의 욕망을 포착한 배우 정윤희의 몸[1]

지승학

1. 시대변화와 배우 정윤희[2]

배우 정윤희를 생각해보면 문득 이런 반문이 뇌리를 스친다. 이러저러한 이유로 당대 가장 아름다운 여배우로 등극하기에 충분했던 그녀. 그러나 지금 칠순을 앞둔 노년의 정윤희를 '또다시' 이야기한다는 것이 과연 적절한 선택일 수 있을까? 하지만 한 인간의 이미지가 한 사회의 어떤 변화의 흐름과 함께 했고 그 영향력이 남달랐다면 그 이유에 대한 질문을 조금 다른 각도에서 제기해 볼 필요도 있지 않을까? 예컨대 어느 시대건 상관없이 보편적인 아름다움으로 각인되기에 충분한 여배우가 격동의 근대화 과정 속 한국 사회를 반영하는 캐릭터를 어떻게 재생산하게 되었던 것일까. 이런저런 이유로 나는 관점을 조금 달리해서 배우 정윤희에 의해 재생산된 캐릭터와 그 캐릭터가 품고 있는 70~80년대 한국사회의 한 단면, 그러니까 그녀가 연기한 캐릭터와 한국 사회의 시대적 특징을 엮어볼 만한 나름의 타당한 이유를 발견하고자 했다. 단적으로 말하자면 배우 정윤희는 한국 사회가 요구했던 캐릭터를 만들어 낸 것이 아니라 시대의 변혁이 드러낼 수밖에 없는 어떤 욕망을 본능적으로 포착해 낸 캐릭터를 창조했던 것이다. 여기에서 '시대의 변혁'이란 '기술적 변화'를 말한다. 그녀는 '호스티스'라고 낙인찍어버린 '여성'을 연기한 '여'–배우만

---

1 이 글은 2019년도 정부(교육부)의 재원으로 한국연구재단의 지원을 받아 수행된 창의도전연구기반지원 사업임(NRF-2019R1I1A1A01060305)
2 1954년에 경상남도 충무시에서 태어난 정윤희는 1975년 영화 〈욕망〉으로 데뷔하여 1985년 〈사랑하는 사람아 3〉에 이르기까지 8년의 기간 동안, 대략 28편에 이르는 TV 연속극 출연과 약 37편에 이르는 영화에 출연하면서 한국사회의 한 흐름을 그려온 대한민국의 여배우이다.

은 아니었다는 말이다. 이런 생각을 정리하던 와중에 배우 정윤희의 TV 드라마 출연작을 몇 편 보게 되었고 그 내용 속에 숨어 있는 캐릭터의 의미가 영화와 TV를 넘나들고 있다는 사실을 알게 되면서 이 생각을 끝까지 밀어붙여 보기로 했다. 그래서 배우 정윤희가 출연한 드라마와 영화의 제작 연도를 중심으로 정리하기보다 정윤희가 연기한 캐릭터의 실제 시대 순서대로 정리해 보았다. 그러는 편이 이해도를 높이는데 훨씬 도움이 될 수 있을 것이다. 수십 편의 영화가 있음에도 "바우덕이(1981)-순이(1981)-은하(1979)-수련(1981)" 순으로 내용을 살펴본 이유는 그래서다. 이런 식으로 드문드문 나열해 놓고 보니 배우 정윤희는 어쩌면 '기술의 후생적 특질'(인간이전의 기술, An epigenetic temperament of technique)을 민감하게 감지해낸 배우였을지 모른다는 생각을 하게 되었다. 모르긴 해도 배우 정윤희가 재생산한 캐릭터는 시대의 교차지점에서 또 다른 의미를 품고 있는 것만은 분명하다.

〈KBS TV문학관 제26화 바우덕이〉 1981, 바우덕이

〈뻐꾸기도 밤에 우는가〉 1981, 순이

2. '스완 송'과 '급변의 중지' 그리고 기술의 욕망

1) 19세기 말 20세기 초의 혁신을 몸으로 표현하다
   : 바우덕이와 순이

이렇게 말할 수 있는 타당한 근거는 그녀가 데뷔하고 난 후에 출연한 TV 단막극 〈바우덕이〉(1981, KBS TV문학관 제26화)에서 감지된다. 〈바우덕이〉는 19세기 중후반 안성지방을 근거지로 삼아 활약했던 남사당 최초의 여성 꼭두쇠, '바우덕이'를 다룬 이야기인데 언뜻 보면 〈바우덕이〉는 금녀의 벽을 허문 여성 활약상을 강조하는 이야기처럼 보이나, 그 내막을 잘 살펴보니 구세대와 신세대의 기술적 격변 즉 19세기 후반부터 몰아치게 될 새로운 '영상기술 매체'인 '사진'과 '영사기' 발명의 등장에 의해 피할 수 없는 몰락의 길에 들어서게 될 '남사당패'의 운명이 자리 잡고 있는 이야기였다. 〈바우덕이〉는 19세기 남사당패가 직면하게 될 기술혁신에 의한 시대적 변혁의 문제를 품고 있었던 것이다. 그러나 남사당패 일원들은 단지 일거리가 줄어들었다는 자조 섞인 푸념뿐 이러한 기술적 변화 조짐을 아무도 제대로 감지해내지 못한다. 오로지 바우덕이 만이 이를 가장 먼저 알아챘다. 이를 보고 누군가는 바우덕이의 지도자적 선견지명을 강조한다든지 혹은 사당패를 기어이 살려내려는 지도자의 헌신으로 보려 할 테지만, 나를 사로잡은 부분은 이를테면 이런 것이었다. '바우덕이'에게 당시 새로운 기술 매체는 어떤 의미였을까? 물론 바우덕이는 이에 대한 대비책을 세운다거나 이러한 문제의식을 사당패 사람들에게 전하여 어떤 변화를 유도해내거나 하지는 않는다. 오히려 그녀는 이러한 기술적 변화 속에서 이른 죽음을 맞이하고 만다. 시대의 격변을 예감한 후 도래한 그녀의 이른 죽음은 사당패를 살려내야 한다는 불굴의 의지와 남성을 뛰어넘는 지도력의 여운을 남긴 미완의 방점이 아니라, 기술 매체의 등장에 의한 시대적 폭발과 그로 인한 구시대의 중지를 몸소 보여주기 위한 방편이 아니었을까. 어쩌면 그 폭발과 중지는 인간이 기술에 종속되어 있을 수밖에 없다는 '기술의 후생적 기질'을 바우덕이는 본능적으로 직감하였으나, 이를 이해할 방법도 없고 받아들일 준비도 되어 있지 않은 현대인 중 한 사람으로서 그 '혼란'을 그렇게 죽음으로 밖에는 표현할 수 없었기 때문이었는지 모른다.

〈뻐꾸기도 밤에 우는가〉(1981) 역시 언뜻 보면 일제 치하 속 민초의 저항을 말하고 있는 것처럼 보이지만 대량생산품으로 상징되는 시대적 변혁, 말하자면 '박가분'과 같은 공산품 소비에 의한 사회변혁이 사건의 중심에 자리 잡고 있음을 곧 알게 된다. 게다가 이를 선물한 인물은 일본 순사이고 그는 그녀를 정신분석학적 차원에서 보아도 이상할 것이 없을 정도로 지독하리만치 집착의 대상으로 삼아 죽음마저 감수해가며 그녀를 탐한다. 이런 상황은 곧 공산품 소비를 유도하려는 소비사회의 욕망구조를 일본 순사를 통해 노골적으로 드러내는 것이라고 볼 수 있을 정도다. 그렇게 이름 모를 산골에서 숯을 굽고 살아가는 현보(이대근)의 처, 순이가 일본 순사에게 선물 받은 '박가분'은 대량생산품이 낳은 소비 자본주의사회의 지독한 경향 하나를 은유하고 있었다. 이 '상품'은 결국 그들의 삶을 파열시키고 급기야 순이로 하여금 상품전달자와 함께 숯가마 속으로 뛰어드는 희생을 감행하게 한다. 순이는 자신을 끝없이 탐하는 일본 순사의 욕망을 거세하기 위해 그런 식으로 자신의 몸을 불태워 버린 것이다. 여기서 나를 사로잡은 질문은 또 이렇다. 도대체 순이에게 일본 순사의 집착은 어떤 의미기에 자신을 산화시키는 결단에 있어서 한치의 주저함도 없었던 것일까. 한 치의 망설임도 없이 자기 자신을 희생 제의로 바친 주권적 결단. 열녀라거나 민초의 저항이라는 의미를 훨씬 뛰어넘는 바로 순이의 그 결단은 어쩌면 '박가분'으로 상징되는 새로운 시대의 덫(소비자본주의사회의 덫)에서 결코 벗어날 수 없다는 절망을 감지했기 때문에 비롯된 것은 아니었을까. 그렇다면 순이의 죽음은 어떤 의미를 갖게 되는 걸까. 그것은 이렇게 해석될 수 있다. 일본 순사와 함께 불 속으로 뛰어든 순이의 결단적 죽음은 일제강점기로 대변되는 소비자본주의 시대의 '결코 벗어날 수 없음'에 대한 최후의 몸부림이었고, 순이의 몸은 바로 그 소비자본주의의 욕망과 맞닿아 있었다고. 그래서 그녀의 죽음은 일제 강점기 속 역사적 저항의 몸부림이기만 했던 것은 아니다. 구시대가 새로운 시대를 만나 사라질 운명을 몸으로 직감한 후 피 토하듯 쏟아낸 '스완 송'[3]의 결정체라고 보아야 마땅하므로 이는 곧 본능적 몸부림이기도 했던 것이다.

〈꽃순이를 아시나요〉1979, 은하

〈앵무새, 몸으로 울었다〉1981, 수련

2) 근대화의 도래 이후 기술적 방황을 몸으로 : 은하와 수련

〈꽃순이를 아시나요〉(1979)에서, 은하는 갑자기 서울 한복판에 내던져진 인물로서 그 불안함에서 벗어나려 몸부림치는 캐릭터로 등장한다. 그런 의미에서 은하가 누드모델로 등장하는 상황은 '몸'이라는 키워드를 통해 보게 되면 한결 자연스러워 보인다. 은하가 알몸을 보일 때 마다 기술의 변화가 눈에 띄기 때문이다. 처음 은하의 몸은 '회화'를 위해 존재했다.[4] 그 후 은하의 몸은 '사진'을 위해 존재한다. 남사당패 공연이 '마당극'에서 '영화관'으로 대체되어가던 시대의 기술적 변화 한 가운데 서 있던 바우덕이와 마찬가지로 은하 역시 기술적 변혁의 한 가운데 서 있게 된 것이다. 그런 이유 탓에 은하를 단순히 호스티스 물의 여주인공으로 규정해 버리는 것은 탐탁지 않다. 남성의 욕망 적 대상으로서의 여성이 아니라, 기술변화의 혼란 속 인물이라고 했어도 달라질 것은 없으니, 그런 그녀의 수동적 상태를 '호스티스 물'이라고 낙인찍어 젠더 문제를 표출하려는 시도는 불완전하다. 오히려 그녀는 기술적 변화 속에서 우리 자신도 혼란스러워했던 딱 그 정도만큼만 방황했을 뿐이다. 그래서 그녀의 모습을 '버림받은 모습'이라고 느끼게 된다면 그 이유는 남성 의존적인 캐릭터여서가 아니라 기술적 변혁이 가져올 혼란 속에 몸을 내맡긴 탓

---

3 Swan Song, 최후의 걸작을 의미하는 용어로, 백조는 평생 단 한번 죽기직전에 운다는 속설에서 유래된 단어이다. 정신분석학적 관점에서 스완송은 저항이라기보다 몸이 반응할 수밖에 없는 하나의 '증상'(sinthome)에 더 가깝다. 배우 정윤희의 캐릭터는 이렇게 몸이 반응할 수밖에 없는 캐릭터를 생산해 낸 것이다.

4 특히 이 장면에서 은하는 엄지손가락을 입에 물어 마치 신생아의 모습을 취하고 있다는 점에서도 어떤 시대적 변화의 유아기를 대변하는 듯이 보이기도 한다.

이 크다. 요컨대 배우 정윤희의 〈바우덕이〉와 〈꽃순이를 아시나요〉는 기술적 변화 속에 처한 혼란 속의 인간상을 탐구한 것이라고 보아도 무방하다. 기술의 변혁 속에 내던져진 두 인물의 삶은 거의 기술변화에 의한 시대적 격랑에 휩쓸린 캐릭터였다고 해도 과언이 아니기 때문이다. 바우덕이와 은하는 소위 문명사의 이러한 '기술적 변화'를 포착한 캐릭터로 볼 때 동등한 위상을 갖고 있다.

'기술변화'에도 욕망이 있다면 그 욕망의 대상이 되었을 때의 고통은 〈앵무새. 몸으로 울었다〉(1981)의 주제라고 볼 수 있다. 이 영화의 제목은 분명 〈뻐꾸기도 밤에 우는가〉에게 상당 부분 빚지고 있지만, 그 내용 면에서도 현보와 순이의 시련처럼 수련과 문영(최윤석)의 내적 갈등을 다루는 유형의 서사라는 면에 있어서 더 많은 빚을 지고 있다고 할 수 있다. 그러므로 이 영화의 메시지를 가치 있게 다룰 수 있는 동력은 서사에서도 인물에서도 아닌 '상황' 그 자체에서 나오고 있다고 해야 한다. 상황은 이렇다. 우선 기찻길을 지척에 두고 사는 수련은 말을 하지 못한다. 게다가 수련은 사실상 고아다. 아버지로 알고 있는 최영감(황해)은 아버지의 친구였다. 그런 최 영감에게는 친아들 문영이 있지만 입양한 딸이라는 사실을 알고 있는 문영은 수련과 금기의 사랑에 빠진다. 이런 상황은 중요하다. 수련은 스스로 자각하고 있는 것보다 더 심각하게 어떤 힘에 짓눌려 있다는 것을 극적으로 보여줄 수 있어서다. 이를테면 수련의 '몸으로 들어오는' 기차 소음은 과잉이지만 '몸 밖으로 나가는' 자기 목소리는 결핍이다. 수련의 내부적 감정표출은 자연스럽지만, 외부적 표현은 금기로 억눌린다. 이런 수련의 모습을 두고 수동적이라고 말하는 것은 정확하지 않다. 어떻게 그 간극을 보여주고 있는지가 더 중요하다. '기차'

와 '기찻길'. 이는 산업화 사회의 기술적 핵심이며 기술적 변혁의 간극을 의미한다. 수련이 겪게 되는 고통은 바로 이러한 '기차'와 '기찻길'을 통해 상징된다. 거기에서 수련은 만남과 이별의 고통을 반복하고 있지 않던가. 그렇게 수련은 기술적 변화가 초래하는 고통을 기차와 기찻길에서 표현한다. 어쩌면 수련은 그런 의미에서 바우덕이와 은하의 연장선에 있다고 보는 것이 맞을지 모른다. 수련 역시 마찬가지로 기술의 변혁(기차와 기찻길)이 가져온 사회적 변화를 필연적으로 감지할 수밖에 없는 캐릭터였기 때문이다. 그것은 마찬가지로 남성에게 희생당한 피해자여서도 아니고 금지된 사랑의 캐릭터여서도 아니며 말을 하지 못하기 때문은 더 더욱 아니다. 수련은 기술적 변화와 기술의 욕망이 초래할 어떤 불길한 징조를 이미 몸으로부터 감지해낸 인물이었다. 영화 내내 그녀의 눈에서 읽히는 슬픔과 고통은 바로 사유의 무기력, 감각의 민감함으로 재해석될 수 있다. 그래서 배우 정윤희의 캐릭터를 이렇게 다시 읽어 볼 수 있다. 그녀의 캐릭터는 단지 무력한 여성의 이미지를 재단한 것이 아니라 기술의 변혁이 주도하는 시대적 교차지점에서의 고통을 민감하게 감지해 낸 몸의 캐릭터였다고 말이다.

3. 틈새와 채움의 동질성

1) 시대교차의 사회 문법

여기서 '틈새'와 '채움'은 물리적으로 발생하는 의미를 수사학적 은

유로 바꾸기 위해 하는 말이다. 그러니 틈새를 일으키는 것은 기술의 변혁에 의한 신구세대의 '교차지점'을 의미하고 채움은 '배우 정윤희의 몸'이 감지해 내어 끝끝내 우리에게 폭로해 버리고 마는 것이라고 이해해 볼 필요가 있다. 이렇게 되면 배우 정윤희가 연기한 캐릭터는 기술의 변혁이 야기하는 시대적 경계의 인물이라고 말할 수 있게 된다. 그런데 이러한 시대의 경계는 사실상 당시 모든 구성원이 공통으로 느끼고 있었던 공통 감이라고 해도 과언이 아닐 것이다. 게다가 그들의 이 공통 감은 기술적 변화에 의한 낯섦, 혼란, 방황, 자포자기 등 거의 비슷한 형상으로 점철되어 있었다. 그런데 이런 모습들은 언뜻 보기에 마치 고리타분한 실존주의를 이야기하려는 모양새를 띄고 있는 것처럼 보이지만, 사실상 시대적 교차지점에서 충동적으로 발생하는 새로운 사회적 문법들에 더 가까운 것이었다고 말할 수 있다. 그 문법은 기술의 변화와 만나게 된, 더욱 정교하고 더욱 교묘해지며 더욱 우리를 기만하는 소비자본주의의 전략들이다. 다시 말해 배우 정윤희 캐릭터는 시대의 기술적 변화의 경계와 더욱 견고하게 물신화되어가는 자본주의적 기만 사이를 방황하는 동시대적 인물들의 공통 감을 몸으로 체화하는 데 성공하고 있었던 것이다. 그러면 배우 정윤희의 캐릭터는 어떻게 신구세대의 그 복잡한 경계를 감지할 수 있었을까? 이 질문에 답하기 위해서는 우선 한 가지 질문을 조금 다른 식으로 바꿔 보아야 한다. 그것은 "왜 배우 정윤희의 몸인가?"를 "배우 정윤희를 규정하는 것은 무엇인가?"로 바꿔 보는 것이다. 이는 배우 정윤희의 캐릭터가 함축하고 있는 시대적 의미를 파악하는데 중요한 조건이 된다. 왜냐하면, 그래야만 이 글을 마무리하는 시점에서 다시 욕망을 감지한 몸에 대해 말할 수 있을 것이기 때문이다. 나는 이 연결을 위해서

인간 정윤희와 배우 정윤희를 구분해 보고자 한다. '인간 정윤희'와 '배우 정윤희'를 명확하게 구분할 때 더 의미 있는 해석이 가능하리란 확신 때문이다. 이유는 이렇다. 배우 정윤희와 인간 정윤희의 차이는 결국 의미화를 규정하는 고정 점의 유무에서 온다. 여기에서 의미화의 고정 점은 사회적 합의로써 공식화된 의미를 말한다. 인간 정윤희는 이러한 사회적 합의에 의한 명명 어에서 궁극적으로 자유롭지 못하다.[5] 하지만 배우 정윤희는 그렇지 않았다.

2) 의미 해석체(體)로서의 몸

배우 정윤희는 여성적 태도라고 고정할 만한 '의미'를 군이 생산해 내지 않는다. 이를테면 그녀의 캐릭터는 주로 결혼을 화두로 삼고 있긴 했지만, 사회적으로 합의된 결혼에 성공하는 캐릭터를 연기한 적이 거의 없다. 그녀의 캐릭터들은 여성을 사회적으로 규정하고 있는 명명어로 불릴 만한 인물들이 아니었던 것이다. 요컨대 소위 '호스티스 물'이라고 정의되는 1980년대 한국 영화 속 여성들은 본성상 '엄마'라고 '호명'될 수는 있어도 '처', '부', '며느리' 등으로 고정되어(기록) '사회화'(의미화, 공식화)될 수는 없었다. 그런 차원에서 배우 정윤희의 캐릭터 이름들이 제아무리 성의 태도를 규정짓는 이름들(순이, 은하, 수련 등)이라고 하더라도 여전히 캐릭터들의 사회적 이름은 '모호'하다. 이 모호함은 사회적 여성으로 재단하기 위한 명명 적 강박에 굴복하지 않는 것, 즉 고정 점을

---

5 그녀는 현재까지도 '어머니'로서, '아내'로서, '며느리'로서 고정되어 살아가고 있다.

거부하는 것이기도 하다. 바로 이 고정 점에 종속당하지 않기라도 하려는 듯 배우 정윤희의 캐릭터는 모호함의 경계를 끊임없이 감지해 내려 한다. 모호함의 경계를 감지해내는 것은 곧 배우 정윤희의 몸이 보유하고 있는 의미의 발산적 힘의 원천이 된다. 모호함의 경계는 말 그대로 경계선, 즉 동시적 접촉 선의 고유한 상태를 의미한다. 메를로-뽕띠는 바로 그러한 상태가 '신체로서의 나'를 의미하는 것이고 진정한 '몸'의 실존적 가치는 바로 거기에서 나오는 것이라고 주장하였다. 굳이 그의 주장을 빌려오지 않더라도 고정 점이 없는 '명명 어의 사회적 모호성'과 그 모호성과 유사한 맥락을 갖는 고정 점이 없는 '몸의 동시성'은 이를테면 시대를 가르는 기술적 변화의 경계를 감지할 때만 진정한 자기 몸임을 확인할 수 있는 캐릭터라고 해석할 때 더없이 잘 들어맞는다. 그 시대의 변화가 급속히 일어나던 1970년-80년대의 한국 사회 특징은 그런 이유로 그녀의 몸을 통해 표상될 수 있었다. 그러니 잠정적으로나마 이렇게 결론지을 수 있겠다. 배우 정윤희 캐릭터는 근본적으로 고정 점이 없는 몸을 통해 시대적 변혁에 민감하게 반응하는 해석-체(體, 몸)로의 몸으로서 기술 변화와 소비자본주의의 욕망에 늘 반응해온 몸이었다고 말이다. 이 시점에서 다시 배우 정윤희가 연기한 '바우덕이'로 가보는 것은 시의적절하다. '바우덕이'라는 이름은 그 해석에 있어서 상징적이기 때문이다.[6] 일단 바우덕이라는 이름은 사회 규정적 여성이라는 의미에서 벗어나 있으면서도 성에 대한 태도를 반영하고 있지 않다. 본명이 '김암덕'으로 알려진 바우

---

6 '바우덕이'라는 이름은 여러C 버전이 있으나, 주된 공통점은 바위라는 의미의 '암'과 '덕'이 합쳐진 것을 풀어 쓴 것으로 설명하고 있다. 실제 '바우덕이'의 본명은 '김암덕'으로 알려져 있다.

덕이는 오히려 큰 바위가 있는 마을의 '덕'이 정도로 해석되는 것이 전부일 정도다. 그러므로 그 이름은 다음과 같이 해석될 수 있다. 그저 삶이라는 바다에 부유하는 나의 모습이 더 중요하다는 것. 그리고 그것은 하나의 급진적 변화에 반응하는 하나의 조건이 된다는 것. 그래서일까. 배우 정윤희의 필모그래피는 실제 결혼과 함께 1985년에서 멈춘다. 영화계에서 마치 쾌락 충동처럼 한순간에 사라진 것이다. 그러나 나는 이 부분이 바로 앞서 언급한 고정 점이 없는 몸에 대한 중요한 의미가 오히려 더 부각될 수 있는 순간이라고 생각한다. 이유는 자신이 어딘가에 고정되어 버림으로써 그동안 재생산한 캐릭터의 '고정점 없음'을 강조할 수 있으니까. 그러므로 그녀의 결혼은 자연스럽게 자신이 연기한 캐릭터의 의미와 인간 정윤희의 의미를 정확히 대별시켜 둘 모두를 실존적으로 보존할 수 있게 한다.

〈뻐꾸기도 밤에 우는가〉 1981, 순이의 몸

4. 몸 그리고 살아있는 캐릭터

1970년대부터 1980년대 초반에 이르기까지 한국 영화에 등장한 여성 캐릭터들은 '호스티스 물'로 규정되어 남성적 시선의 욕망 적 대상으로 규정되어 갔다. 하지만 배우 정윤희로 인하여 이러한 오해의 시선을 거두어내고 시대적 변화를 감지하여 그에 반응한 캐릭터로 이해되어야 할 필요성이 대두되었다. 그것은 그녀의 캐릭터가 시대와 연결되는 어떤 고리를 가지고 있었기 때문이다. 요컨대 그녀의 캐릭터 힘이 강렬한 이유는 단순히 그녀의 아름다운 외모 때문만이 아니라 근대화를 거치는 와중에 필연적으로 겪어야 했던 신구 세대의 변화지점을 가르는 '기술의 후생적 특질'을 그녀의 몸이 매우 민감하게 포착했기 때문이다. 배우 정윤희의 캐릭터가 호스티스 물을 훨씬 뛰어넘어 섰다고 주장할 수 있는 근거는 모두 거기에 있다. 조금 극단적으로 말하자면, 배우 정윤희는 사회적 혼란기에 접어들었던 한국사회의 과도기적 에너지, 기술의 새로운 정의를 시대의 골목에서 미리부터 기다리고 있었던 것이다. 그랬던 그녀의 필모그래피는 아이러니하게도 실제 결혼과 함께 1985년에 끝이 난다. 그녀의 갑작스러운 이 '중지'는 마치 성 충동처럼 캐릭터의 의미가 절정에 달하는 바로 그 순간 모두 사라져 버린 것과 같을 정도로 극적이다.

마찬가지로 매체가 생산해내는 캐릭터와 이미지들은 충동처럼 어느 한순간 폭발적으로 소비되다가 이내 사라지고 만다. 그런데 이런 소비 시대의 기술적 변화를 폭로하기라도 하는 듯, 배우 정윤희는 그녀만의 갑작스러운 '중지'로써 욕망 적 소비의 대상이 되고 마는 상품 캐릭터로 남기보다 여전히 영향력 있는 소위 살아있는 캐릭터가 될 수 있음을 몸소 보여준다. 그런 배우 정윤희가 의미하는 것은 간단하다. 시대의 기술적 변화를 감지하려면 자신의 '고정점 없는 몸'을 동원해야 한다는 것. 그러니 서둘러 마무리하자면 이렇게 말할 수 있겠다. '시대'에 속해 있는 배우는 '아름다운 외모'를 '캐릭터 상품'처럼 소비시키고는 이내 사라지기 마련이지만, '시대와 시대'의 교차지점에서 부유하는 배우는 '고정점 없는 몸'을 통해 '살아있는 캐릭터'로 남아있을 수 있다고. 그 실천의 영역에 유일하게 성공한 사람이 있는데 그는 바로 시대의 배우 정윤희였다.

2장
예정된 파국의 매혹
— <깊고 푸른 밤>

성진수

그것이 만들어진 시대에 유독 단단하게 결박된 것처럼 보이는 영화들이 있다. 그런 영화들은 그 시대를 설명하는 데 빼놓을 수 없는 퍼즐 조각이 되기도 하고, 특정한 시대의 맥락 속에서 더 풍요로워지기도 한다. 1980년대 만들어진 배창호의 영화들도 그 중 하나다. 30년이 훌쩍 지난 현재의 심미안에는 다소 과시적으로 보이는 영화적 기교가 왜 당시 한국 영화의 중요한 성취가 될 수 있는지, 전형적이고 과장된 것처럼 보이는 캐릭터 설정이나 코미디 상황이 어떻게 당시 관객들에게는 공감을 얻을 수 있었는지를 이해하기 위해서는 1980년대라는 시대의 프리즘이 필요하다. 1980년대라는 맥락 속에서 배창호의 영화가 중요한 의미를 갖는다고 해서, 그 영화들이 시대를 뛰어넘는 장점을 가지고 있지 않다거나 현재의 창작자들에게 영감을 줄 여지가 없다는 것은 아니다. 모든 영화에는 스크린 앞을 떠난 후에도 깊은 잔상을 남기는 창의적인 스타일이 있고, 대부분의 이야기는 다시 보아도 지루하지 않을 만큼 높은 밀도와 탄탄한 짜임새를 갖추고 있다. (물론 달라진 21세기 대중의 눈높이에서는 비판받을만한 정서가 곳곳에 존재하지만 말이다.) 그래서 배창호의 영화가 1980년대에 결박되어 있다는 것이 그 영화들이 시대를 초월해서 감상하고 평가할 만한 가치가 없다는 말이 될 수는 없다. 그것은 1980년대 한국 영화와 관객, 그리고 한국 사회의 어떤 욕망과 열정에 가장 가까이 도달한 영화를 꼽자면 그 자리에 배창호 감독의 영화가 놓일 수 있다는 의미다.

감독 배창호가 '한국의 스필버그'라고 불렸고 그의 영화들이 1980년대 최고로 흥행한 한국 영화를 문자 그대로 '대표한다'는 사실은 이러한 논점에서 보자면 아주 중요한 것이다. 특정한 장르의 유행이나 한 영화의 기록적인 흥행으로부터 사회적 징후를 읽어내는 것이 유효한 작업이라면, 1980년대라는 시대를 들여다보는 데 있어 배창호의 영화만큼 적합한 매개는 없기 때문이다. 그렇다고 이 글이 1980년대 한국 사회에 대한 글은 아니다. 이 글은 배창호 감독이 연출한 영화 〈깊고 푸른 밤〉(1985)에 대한 것이다. 그 존재가 곧 1980년대 한국영화의 중요한 사건 중 하나였던 영화에 깃든 한국영화와 한국 사회의 욕망을 추적해보는 것, 그것이 이 글의 목적이다.

욕망하는 영화

〈깊고 푸른 밤〉 포스터

1980년대는 한국영화가 뒤쳐지고 낙후된 문화의 대명사로서 방화라 불리며 천시받던 시기다. 제작 기반이 되어야 할 물적 토대는 취약했고 표현의 자유에 대한 제약은 여전했다. 이런 우울한 조건 속에서 1980년대 한국영화는 범접할 수 없는 기술로 무장한 할리우드 블록버스터 영화들과 나란히 경쟁해야 했다. 관객의 선택을 받기 위해서는 할리우드 영화를 뛰어넘거나 최소한 할리우드 영화처럼 보여야 했다. 이런 한국영화계에 구세주처럼 등장한 영화가 배창호의 영화들이고 그 정점에 〈깊고 푸른 밤〉이 있다. 〈깊고 푸른 밤〉은 개봉 전부터 로스앤젤레스 로케이션 촬영과 당대 최고 스타 안성기와 장미희의 출연으로 화제의 중심에 있었던 영화다. 그리고 개봉 후에는 역대 한국영화 흥행 1위의 기록을 새롭게 쓰면서 최첨단 기술로 만들어진 할리우드 블록버스터 영화와의 경쟁에서 밀리지 않았던, 그래서 암담했던 당시 한국영화계에 어떤 가능성을 던져주었던 영화이기도 하다.

〈깊고 푸른 밤〉에 대해서 당시 관객들은 '얼핏 보아 할리우드영화 같다'고 했는데, 이 영화가 그런 외형을 가질 수 있었던 데에 미국 로케이션 촬영이 일정부분 기여했다는 것은 부인하기 어렵다. 배창호 감독은 당시 미국에 머물고 있던 장미희를 캐스팅하기 위해 꽤 노력을 기울였고 장미희는 영화 출연 조건의 하나로 미국에서의 로케이션 촬영을 제시했다고 한다. 이 영화가 미국 로케이션 촬영을 하기로 한 것이 스타 장미희가 제시한 조건에 맞추기 위한 것이었는지, 아니면 해외 로케이션 촬영 장면을 영화에 포함하는 당시 대작 영화의 한 유행을 좇는 것이었는지 정확히 알 수는 없지만, 〈깊고 푸른 밤〉은 과감하게도 영화 전체를 캘리포니아 현지에서 촬영하는 결정을 내렸다. 덕분에 데스 밸리, 캘리포니아 해변, 라스베이거스와 로스앤젤레스 거리, 작은 슈퍼마켓과 술집에 이르기까지, 할리우드 영화에서나 볼 법한 이국적이면서 동시에 낯익은 이미지들로 영화는 가득 차 있다. 하지만 현지 로케이션 촬영으로 얻은 실제의 미국 풍경이 기여하는 바가 있었더라도, 그것만으로 〈깊고 푸른 밤〉이 할리우드 영화처럼 보이게 되었다고 말하기는 어렵다.

1990년대부터 쓰이기 시작한 '한국형 블록버스터'라는 표현에는 극복해야 할 대상으로서 할리우드 영화를 바라보는 동경의 시선과 할리우드 영화에 대한 자격지심이 동시에 담겨있다. 또한, 어떤 영화를 '한국형 블록버스터'로 명명했을 때의 맥락에는 동경과 자격지심을 뛰어넘는 일종의 자신감이 내포되어 있기도 하다. '한국형 블록버스터'라는 명명은 그 영화가 할리우드 영화와 견주어 뒤지지 않는, 그래서 할리우드 영화만큼의 완성도와 재미를 보장하는 영화라는 의미가 크다. 그리고 할리우드 영화에 뒤지지 않는 영화라는 말에는 할리우드 영화에 비견할 만한 테크닉을 할리우드 영화가 도달한 완성도만큼 구현해냈다는 자신감이 담겨 있다. 1980년대 관객과 평자들이 기대했던 '할리우드 영화 같은' 한국영화와 1990년대의 '한국형 블록버스터'가 욕망했던 것이 달랐다고 할 수 없다. 1980년대 관객들이 한국영화를 외면할 수밖에 없게 만들었던 한국영화의 기술적 낙후성, 〈깊고 푸른 밤〉은 바로 그것을 극복해낸 영화로 보였고 그 성취에 대한 찬사가 '할리우드 영화 같아 보인다'는 표현이었던 것이다.

〈깊고 푸른 밤〉이 만들어질 당시 한국에서 개봉했던 할리우드 영화의 리스트에는 〈터미네이터〉, 〈인디애나 존스〉, 〈고스트 버스터〉 등이 포함되어 있었다. 이러한 영화를 가능하게 만든 기술들은 영화 제작의 물적 토대가 열악했던 당시 한국영화가 곧바로 채택할 수는 없는 것들이었다. 〈깊고 푸른 밤〉은 이러한 기술적 격차를 영화적 스타일로 극복했다. 〈깊고 푸른 밤〉은 1970년대 새로운 미국영화에서 주로 사용되었고 이후 주류가 된 영화적 테크닉을 적극적으로 수용함으로써 할리우드 영화 같은 외향을 성취해낸 것이다. 배창호 감독은 망원 렌즈를 이용한 익스트림 롱 쇼트와 다큐멘터리 영화의 촬영 기법, 다양한 이동 촬영 등 뉴 아메리칸 시네마라 불렸던 영화들의 상징적인 테크닉을 이용해 로스앤젤레스의 이국적인 풍경을 담았는데, 그 결과 당시 한국영화에서는 볼 수 없었던 영화적 이미지를 구현해내었고 관객들에게 그것은 곧 할리우드 영화 같은 외형으로 받아들여졌다.

트랙이나 핸드헬드를 이용한 이동 촬영이나 360도 회전 촬영, 망원 렌

즈의 사용은 〈깊고 푸른 밤〉 이전에 만들어진 배창호 영화에서도 사용되었던 기법이다. 배창호의 영화들에서 끊임없이 이동하고 움직이는 카메라와 그 결과 만들어지는 역동적인 프레이밍, 그리고 인물을 따라가는 핸드헬드 촬영과 원호를 그리며 회전하는 카메라 기법을 발견하는 것은 어렵지 않다. 하지만 〈깊고 푸른 밤〉은 미국의 최신 기자재와 카메라가 만들어낸 매끄러움과 화려함으로 다른 영화와 구별된다. 미국에서 대여한 최신식 기자재를 쓸 수 있어서 행복했었다는 촬영감독의 인터뷰가 방증하듯이, 창작자의 개인적 능력만으로는 뛰어넘을 수 없는 물적 기반의 격차가 한국영화와 할리우드 영화 사이에 있었던 것이다. 그렇다면 1980년대 한국영화가 궁극적으로 욕망했던 것은 할리우드 영화와 같은 수준의 영화를 창작하는 것이기 이전에, 그것을 만들 수 있는 풍요로운 물적 토대였다고 하는 것이 더 정확할 것이다. 그리고 〈깊고 푸른 밤〉은 바로 그 욕망을 성취한 것처럼 보이는 영화였던 셈이다.

〈깊고 푸른 밤〉 오랜만에 딸을 만나 함께 시간을 보낸 제인과 제인의 딸을 안고 있는 호빈

욕망하는 사람들

한국영화가 할리우드 닮기를 욕망했던 것만큼 오랫동안 한국 사람들은 미국인 되기를 꿈꿔왔다. 1984년의 신문 기사에 의하면, 1962년 해외 이민에 관한 통계가 집계되기 시작한 이후 해외 이주 허가를 받은 한국인 중 미국으로 이주한 비중이 약 81%에 달한다.[1] 그러나 아메리칸드림의 기회는 극히 일부에게만 허락되었고, 합법적인 승인을 받지 못한 사람들은 그들만의 방식으로 욕망 실현을 위해 움직였다. 4백여 개의 조직적인 비자 브로커가 존재했고 거기서 만드는 위조 서류 때문에 주한미국대사관이 골머리를 앓는다는 기사는,[2] 어떤 위험을 무릅쓰고라도 미국으로 향하려는 당시 한국 사람들의 열망을 보여준다. 미국 시민이 되기 위해 폭력과 살인도 개의치 않는 불법체류자 호빈(안성기)과 그린카드를 얻으려는 사람들과 위장결혼을 하고 돈을 버는 제인(장미희)이 주인공인 〈깊고 푸른 밤〉은, 이와 같은 한국인들의 아메리칸드림 열풍을 고스란히 담고 있는 영화이다.

제인과 호빈은 모두 미국인으로 살기를 꿈꿨다. 제인은 미국에서 할리우드 영화 속 주인공처럼 화려한 옷을 입고 파티를 즐기는 행복한 하루하루를 보내리라 생각했다. 그래서 미군이었던 남자를 따라 한국을 떠나는 데 주저함이 없었다. 그러나 미국에서의 삶은 제인이 상상했던 것과는 딴판이었다. 텍사스 촌구석 벤치에 혼자 앉아 흙먼지를 바라보며 하루하

---

1 《경향신문》, 1984년 8월 1일, 3면
2 《동아일보》, 1984년 7월 24일, 1면

루를 버텨야 했고, 흑인인 남편은 자신이 미국 사회에서 받았던 인종차별과 그로 인한 스트레스를 폭력으로 그녀에게 쏟아냈다. 양육비를 주지 않으려는 남편에게 딸까지 뺏긴 채 혼자가 된 제인은 더 이상 낭만적인 할리우드 영화의 해피엔딩을 믿지 않는다. 냉소로 가득한 그녀가 믿는 것은 오직 돈뿐이다. 하지만 사기, 폭행, 약탈 같은 범죄도 무릅쓰는 호빈은 그 과정과 상관없이 낭만적인 해피엔딩을 꿈꾼다. 눈이 시린 파란 하늘에 이글거리는 로스앤젤레스의 태양처럼 미국 시민권을 향한 호빈의 욕망은 열정적이며, 그는 미국 시민권만 얻는다면 자신이 저지른 모든 범죄가 마술같이 사라지고 행복에 도달할 것이라는 순진한 믿음을 맹목적으로 좇는다.

영화가 한국에서 호빈의 삶에 대한 자세한 정보를 주지는 않지만, 아마도 호빈은 한국에서 삶의 막다른 골목에 부딪혀 마지막 희망을 안고 미국으로 건너간 사람일 것이다. 미국 시민권을 향한 그의 열정과 낙천적인 기대, 그리고 무서울 만큼 확고한 목표 의식을 논리적으로 이해하기 위해서는 이런 상상력이 필요하다. 하지만 당시 관객들과 평자들은 호빈을 이해하기 위해 이와 같은 서사의 공백을 메꾸어주어야 할 필요성을 느끼지 못했던 것 같다. 제인의 심리적 변화에 대한 서사적 비약을 문제 삼는 경우는 있어도, 호빈이 왜 임신한 아내를 한국에 혼자 남겨둔 채 시민권을 얻기 위해 미국에서 불법체류자로 살아가야 하는가를 묻는 경우는 보지 못했다. 그것은 대부분의 사람들이 무의식중에 호빈과 같은 것을 욕망했던 사회이기에 그런 질문이 굳이 필요하지 않았기 때문일지도 모른다.

위장 결혼이 발각될 위기를 모면하기 위해 이민국 직원 앞에서 'I love America'를 외치고 열정적으로 미국 국가를 부르는 호빈의 행동을 완전히 거짓된 쇼라거나, 아메리칸드림의 맹목적인 추종자들을 비꼬려는 것이라고만 볼 수 없는 이유가 여기에 있다. 호빈과 그를 바라보는 관객의 마음 한구석에는 기회의 나라 미국에 대한 무조건적인 신뢰와 믿음이 있었던 것이다.

〈깊고 푸른 밤〉 이민국 직원 앞에서 미국 국가를 열창하는 호빈

하지만 〈깊고 푸른 밤〉은 아메리칸드림의 해피엔딩을 선택하지 않는다. 호빈보다 먼저 미국을 경험했고 그래서 아메리칸드림의 허상을 알아버린 제인의 입을 통해 '천사의 땅'이라는 이름의 로스앤젤레스가 사실은 '풀 한 포기 나지 않는 사막'에 불과하다는 진실을 말하는 순간, 영화는 스스로 파국의 엔딩을 예고한다. 그런데 그 파국은 로스앤젤레스를 '풀 한 포기 나지 않는 사막'이라고 말하는 제인과 '천사의 땅'이라고 믿는 호빈 사이의 관점 차이에서 출발하지 않는다. 그것은 아이러니하게도 아메리칸드림에 그토록 냉소적이었던 제인이 할리우드식 로맨스의 해피엔딩을 다시 꿈꾸는 순간 시작된다.

허락되지 않는 해피엔딩

호빈을 비즈니스 상대로만 여겼던 제인은 딸과 전남편의 방문을 계기로 호빈에게 마음을 열고 그와의 희망적인 미래를 꿈꾸기 시작한다. 호빈에게 아내가 있고 호빈이 시민권을 획득한 후 아내를 미국으로 데려오려는 계획을 갖고 있다는 사실을 알게 된 후에도, 제인은 호빈에 대한 기대를 거둬들이지 않는다. 로스앤젤레스에 오기 전 호빈이 저지른 사기와 폭력의 피해자가 찾아와 호빈의 실체를 알려주었을 때에도 제인은 호빈과의 미래를 포기하지 않는다. 그렇다고 호빈의 마음이 제인을 향하고 있는 것도 아니다. 시민권을 받아낸 호빈은 제인과 헤어져 자신의 갈 길을 가려고 하는 것은 물론, 제인이 자신의 발목을 잡을 것이라는 생각에 그녀를 죽이고자 계획한다. 하지만 미국 시민권을 향한 호빈의 욕망만큼이나 호빈을 향한 제인의 욕망 또한 맹목적이다.

제인은 영화에서 보던 삶을 기대하고 미국에 왔다. 매일 밤 드레스를 차려입고 파티를 즐기는 행복한 일상이 그녀가 상상했던 미국인의 삶이었다. 그녀가 기대했던 아메리칸드림은 물질적 풍요뿐만이 아니라 낭만적인 할리우드 로맨스 영화의 주인공이 되는 것이기도 했던 셈이다. 하지만 지금의 제인은 위장 결혼 첫날 밤, 계약을 어기고 자신의 침대에 눕는 호빈에게 권총을 겨누는 차갑고 냉소적인 사람이다. 제인이 처음부터 그랬던 것은 아니다. 위장 결혼이라는 비즈니스에 몸담고 여섯 명의 남자와 결혼을 했지만 그 모든 것이 제인에게 비즈니스이기만 했던 것은 아니었다. 예전의 그녀는 비록 위장 결혼이었음에도 불구하고 남편을 진심으로 대했고 애정을 가지며 행복한 결말을 기대하기도 했다. 하지만 미국에 합법적으로 정착하기를 원하는 사람들에게 자신은 애정의 대상이 아니라 수단에 불과하다는 것을 깨달은 후, 그녀는 변했던 것이다. 이처럼 냉소적이었던 제인이 호빈을 통해 지난날 자신이 꿈꾸었던 로맨스 영화의 해피엔딩을 다시 상상하기 시작하게 되었던 것이다.

제인의 이러한 심리적 변화를 고려하면서 호빈이 이민국 직원 앞에서 미국 국가를 부르는 소리를 듣고 방에서 나온 제인의 모습을 보여주는 씬을 다시 보자면, 그 장면들이 인물의 내적 변화를 시각화하기 위해 의도적으로 조직되어 있다는 것을 알게 된다. 방에서 나오는 제인을 향해 카메라는 줌인으로 다가가고 조명은 한층 밝아져 하얀 가운과 하얀 머릿수건을 걸친 제인은 빛으로 둘러싸인다. 그리고 미소를 지으며 손뼉을 치는 제인에게 호빈은 살짝 윙크를 보낸다. 제인을 로맨스 영화의 주인공처럼 보여주는 이러한 이미지들의 조합은, 그 순간 제인의 마음속에 꺼졌던 아메리칸드림에 대한 기대가 다시 켜지고 있다는 것을 명백하게 보여준다. 바로 이때 되살아난 낭만적인 로맨스에 대한 제인의 욕망은 아이러니하게도 두 사람을 파국으로 몰고 가는 결정적인 계기가 되는 것이다.

다시 말하지만, 이 영화는 초반부터 아메리칸드림의 해피엔딩을 신뢰하지 않는다. 데스 밸리를 배경으로 한 첫 장면에서부터 미국은 불길한 땅으로 그려지고, 인물들을 처음 소개하는 순간에도 영화는 그 어떤 감정이입의 여지를 허락하지 않는다. 사람에 대한 신뢰는 전혀 없고 돈에 대한 믿음과 냉소만 남은 제인과 돈과 시민권을 위해서라면 무엇이든 하는 동물이 된 호빈을 그리는 〈깊고 푸른 밤〉의 초반부는, 그래서 범죄 영화나 느와르 영화와의 친연성을 강하게 풍긴다. 두 인물에게 멜로드라마적 서사를 한 겹씩 덧붙이면서 방향이 전환되기는 하지만, 영화는 범죄 영화의 플롯과 상황에 기대어 비극적인 방식으로 아메리칸드림의 신화를 파괴한다. 범죄 영화와 느와르의 늬앙스를 빌려 아메리칸드림을 불신하고 그 허구성을 폭로하면서 시작했던 영화는 왜 제인의 꺼진 로맨스 환상을 굳이 재점화시키면서까지 멜로드라마적 긴장과 갈등을 경유해야 했을까? 그럼으로써 얻은 것은 무엇일까?

환상과 현실의 두 얼굴

배창호는 소재나 주제에 상관없이 멜로드라마의 틀 안에서 이야기를 엮어내는데 탁월한 재능을 가진 감독이다. 어떤 사람들은 배창호 영화에서 멜로드라마적인 설정을 한계로 지적하고 비판하지만, 배창호 영화의 멜로드라마는 대중성을 담보하면서 어떤 민감한 주제나 소재도 담아낼 수 있는 훌륭한 그릇이 되기도 한다. 〈꼬방동네 사람들〉에서 세 남녀의 삼각 멜로드라마는 도시 빈민의 공간과 일상을 현실 그대로 보여줄 수 있는 틀이 되고, 〈고래사냥〉의 낭만적 멜로드라마는 코미디와 로드무비, 그리고 한국 사회의 답답한 현실에 대한 비판과 할리우드식 이상주의라는 이질적인 요소들이 조화롭게 공존할 수 있는 단단한 버팀목이 되어 준다. 그리고 〈깊고 푸른 밤〉에서 멜로드라마는 풍요의 땅이면서 불모의 땅이기도 한 미국의 양가성을 드러내기 위한 장치가 된다.

할리우드 영화를 닮는다는 말에 예술적 성취를 동경하는 것과 더불어 상업적 성취와 그것을 가능하게 하는 안정적이고 풍부한 물적 토대에 대한 욕망이 내포되어 있듯이, 미국인이 되기를 꿈꾼다는 것에는 미국인이라면 자연스럽게 얻게 되는 것처럼 보이는 물질적 풍요에 대한 욕망이 잠재해 있는 것을 부인할 수 없다. 하지만 아메리칸드림을 꿈꾸는 사람들이 단순히 물질적 풍요만을 기대했던 것을 아닐 것이다. 물질적 풍요는 그 위에 꾸려질 행복한 삶의 조건 중 하나이기 때문이다.

〈깊고 푸른 밤〉호빈을 쏘고 자신의 머리에 총을 겨눈 제인

제인과 호빈도 단순히 돈을 많이 벌겠다는 목적만으로 미국에 온 것이 아니었다. 제인이 낭만적인 할리우드 영화의 삶을 꿈꿨던 것처럼, 호빈도 한국에 남겨둔 아내와 그녀의 배 속에 있는 아기를 미국에 데려와 함께 살겠다는 희망을 품고 있다. 모든 수모와 위험을 감수할 만큼 시민권을 열렬히 욕망했던 호빈이 그 시민권을 손에 쥐고도 한국의 아내에게서 온 이별 통보에 무너지는 것이나, 미국이 자신에게 허락한 것을 속물적으로 받아들이면서 냉소적으로 살았던 제인이 호빈에게 쉽게 마음을 여는 것 모두, 그들이 궁극적으로 사랑하고 사랑받는 삶을 꿈꾸었기 때문이다. 하

지만 미국이라는 땅은 물질적 풍요나 그것을 성취할 기회는 허락할지언정 그들이 정말 바랐던 행복은 허락하지 않는다. 〈깊고 푸른 밤〉이 경유하는 멜로드라마는 바로 이 점에 우리의 주목을 집중시킨다. 그리고 그것이 미국의 진짜 모습, 한국인들의 집단적 욕망과 열정의 대상인 아메리칸 드림의 숨겨진 얼굴이라고 말한다.

불모의 땅에서 해피엔딩을 꽃피우려고 했던 제인과 호빈이 실패할 것이란 사실을 영화를 보는 우리는 처음부터 알고 있었는지도 모른다. 할리우드 영화가 그린 세계란 현실의 문을 통과하는 순간 깨져버릴 환상에 불과하다는 것을 우리가 알고 있는 것처럼. 그럼에도 우리가 스크린 앞을 떠나지 못하는 것은 불가능한 것을 욕망하고 파국을 향해 달려가기를 멈추지 않는 인물들에게서, 거짓인 줄 알면서도 영화에 매혹되는 우리의 모습을 보게 되기 때문이 아닐까? 〈깊고 푸른 밤〉은 그래서 영화와 닮은 영화다. 깨질 환상, 파국의 결말일 것을 알면서도 뿌리칠 수 없는 매혹이라는 점에서 말이다.

3장
<두 개의 사랑>에서의 쌍둥이 모티브와 욕망, 죽음, 환상의 거울[1]

서곡숙

1. 쌍둥이 모티브와 거울 이미지 재현

쌍둥이는 한 자궁에서 동시에 자란 두 명의 태아를 말하며, 보통 연속적으로 태어나고 이성 혹은 동성으로 태어난다. 자궁의 크기 한계 때문에 스트레스를 받은 쌍둥이는 평균적으로 일반 단생아보다 3주 정도 빨리 출생한다. 일란성 쌍둥이는 같은 유전인자를 갖고 있고, 이란성 쌍둥이는 다른 유전인자를 갖고 있다. 쌍둥이는 같은 혹은 비슷한 유전인자와 양육 조건으로 인해 서로 공감을 많이 하면서도 경쟁 관계와 라이벌 관계를 형성하기도 한다. 영화에서 쌍둥이는 교감, 분신, 분열, 내면의 욕망, 자기 정체성을 의미한다는 점에서 자기 반영성, 분신, 분열, 욕망, 성찰성 등의 의미를 담고 있는 거울과도 관련성이 많다.

영화 속에서 쌍둥이의 자아/타자와 분신의 의미와 거울의 자아/타자 반영의 이미지는 여러 가지 측면에서 유사성을 갖고 있다. 쌍둥이는 자아와 타자를 통한 정체성, 공감을 통한 분열과 분신, 선과 악의 대비를 통한 규범과 욕망, 경쟁과 라이벌 관계와 정서적 경험 등의 문제를 제기한다. 쌍둥이는 '어머니의 자궁에서부터 환경을 공유하여, 의지, 협력과 더불어 비교, 질투, 경쟁의 관계를 형성한다.'[2]

영화에서 거울은 왜곡되고 전복된 시선, 상처의 치유/폭주, 자아의 반영/분열 등 다양한 상징적 의미가 있다. 토도로프에 의하면, '안경과 거울

---

1 이 글은 논문 「〈두 개의 사랑〉에서의 쌍둥이 모티브와 거울 이미지」(서곡숙, 『콘텐츠학회논문지』, 제20권 제9호, 2020년 9월, 19~28쪽)을 수정한 것이다.
2 최혜원, 「성인 쌍둥이의 성장과정에서의 정서적 경험에 대한 내러티브 탐구」, 『한국동서정신과학회지』, 21권 1호, 한국동서정신과학회, 2018, 17-47쪽.

처럼 간접적이고 왜곡되고 전복된 시선의 상징들은 경이를 향한 유일한 길이자 물질화된 혹은 불투명한 시선이자 시선의 정수이다.'[3] 스탠리 큐브릭의 영화에서 '화장실이 파티에서 소외된 인물들의 도피처라면, 거울은 심리적 상처를 치유하거나 폭주하는 공간이다.'[4] 〈사이코〉 등 알프레드 히치콕의 영화에서도 거울은 자아의 반영과 분열, 인물의 혼란과 이중성 등을 나타내는 상징적 사물로 자주 등장한다.[5] 안드레이 타르코프스키 영화에서 '거울은 사물을 보고 비추는 이중성, 인물들 간의 의사소통 불가능성, 시간의 굴절, 현대인들의 조각난 잃어버린 자아를 그리워하는 향수 등의 의미로 표현된다.'[6]

2. 욕망: 쌍둥이 형제의
관능적 유혹과 거울의 이중성

1) 진실/거짓말 게임
혹은 거짓말을 통한 유혹

〈두 개의 사랑〉 포스터

〈두 개의 사랑〉은 클로에와 폴/루이 쌍둥이 형제의 이야기이다. 전직

---

3 츠베탕 토도로프, 최애영(역), 『환상문학서설』, 일월서각, 2013, 235-239쪽.

4 박수미, 「스탠리 큐브릭 영화의 기호와 심리」, 『현대영화연구』, 24권, 한양대학교 현대영화연구소, 2016, 229-254쪽.

5 특히 〈사이코〉에서는 호텔 정사 씬에서의 거울 장면, 자동차 백밀러로 보는 장면, 베이츠 모텔 로비에서의 거울 장면 등 거울이 중요한 상징적 의미로 제시된다.

6 김성일, 「안드레이 타르코프스키 영화 속의 거울 이미지」, 『스토리앤이미지텔링』, 3권, 건국대학교 스토리앤이미지텔링연구소, 2012년 1월, 9-37쪽.

사진 모델인 25살의 클로에 포르탱(마린 백트)은 계속되는 심인성 복통으로 정신과 의사 폴 메이예(제레미 레니에)에게 진료를 받다가 연인관계가 된다. 어느 날 폴과 똑같이 생긴 정신과 의사 루이 들로르를 보고 흥미를 느껴 그의 진료를 받고는 두 사람이 쌍둥이 형제임을 알게 된다. 이후 클로에는 친절한 폴과 야성적인 루이에게 동시에 욕망을 느끼면서 혼란에 빠지게 된다. 클로에는 과거 루이가 폴의 여자친구 상드라 쉥케르를 성폭행하여 폴이 상드라에게 이별을 통고하고 상드라가 사고를 당하게 된 사건을 알게 된다.

〈두 개의 사랑〉에서 클로에 포르탱과 폴 메이예의 관계는 진실과 거짓말의 게임처럼 진행되며, 거짓말이 불신, 의심, 배신으로 이어진다. 클로에는 폴의 물건에서 '폴 들로르'라는 이름을 발견하고, 낮에 폴이 다른 여자와 있는 모습을 보게 되고, '루이 들로르'라는 정신과 의사와 쌍둥이 형제라는 사실을 알게 된다. 하지만, 클로에의 질문에 폴은 이혼으로 성이 달라졌으며, 낮에 다른 장소에 있었으며, 형제가 없다고 대답한다. 클로에는 연인 폴의 정체성, 여자관계, 가족관계에 대해서 의구심을 품게 되면서, 자신과 폴의 연인관계에 대해서도 신뢰성을 잃게 된다. 루이를 통해서 클로에는 폴 메이예와 루이 들로르가 쌍둥이 형제이며, 폴이 루이에게 강간당한 여자친구 상드라와 헤어졌으며, 상드라가 폴보다 루이를 욕망했다는 사실을 알게 된다. 클로에가 가족관계와 쌍둥이 형제 존재에 대한 부정, 여자친구 상드라의 강간과 결별에 대한 침묵으로 폴에 대한 신뢰와 연인관계에 대해 의구심을 갖게 된다. 하지만, 이러한 의구심은 사실상 도덕적인 폴보다 부도덕한 루이에게 끌린다는 점에서 클로에 자신의 부정, 침묵, 욕망을 투사한 것이다.

〈두 개의 사랑〉에서 클로에 포르탱과 루이 들로르는 거짓말을 통한 유혹 게임을 펼치며, 클로에의 거짓말과 루이의 진실이 집착, 분노, 죽음으로 이어진다. 클로에는 자신의 이름은 에바 클로에이며 친구 소개 혹은 여동생 소개로 왔으며 엄마가 죽은 후 감시와 심판의 느낌을 받는다며, 자신의 정체성, 가족관계, 과거 사실에 대해서 루이에게 거짓말을 한다. 루이는 클로에가 여동생이 없으며 엄마도 죽지 않았으며 예쁜 여성들이 쓰는 '거짓말을 통한 유혹'을 한다고 지적한다. 루이는 클로에에게 '욕망할 뿐 행하지 않으면 질병이 생긴다'고 충고하고, '욕망하지 않는다'는 클로에의 대답에 '다음번에 제대로 즐겨요'라며 유혹한다. 클로에와 루이는 첫 번째 진료에서는 유혹에 대해 말하고, 두 번째 진료에서는 키스하고, 세 번째 진료에서는 옷을 벗고 애무하고, 네 번째 진료에서는 섹스하게 된다. 루이가 '둘 중 누구에게 더 끌리냐?'라고 질문하자, 클로에는 '당신과 있을 때는 그를 생각하고, 그와 있을 때는 당신을 생각한다'라고 답변한다. 계속되는 루이의 집착과 위협에 두려움을 느낀 클로에는 자신을 '탐욕스러운 입술을 가진 히스테리 환자이며 쌍둥이와 씹하는 것을 좋아한다는 점에서 상드라와 비슷하다'라고 말하는 루이에게 분노하여 그를 총으로 쏘아 죽인다. 결말에서 클로에와 폴/루이 쌍둥이 형제와의 관계에서 진실과 거짓말은 전도된다.

2) 두 사람 이상의 사랑
    : 금지된 욕망, 죄책감, 모순된 인격의 충돌

〈두 개의 사랑〉에서 쌍둥이 형제의 관능적 유혹은 금지된 욕망, 죄책감, 모순된 인격의 충돌을 보여준다. 첫째, 여주인공과 쌍둥이 형제의 관계는 두 사람 이상의 사랑을 통해 근친상간, 동성애 등 금지된 욕망을 보여준다. 토도로프에 의하면, '환상문학 사랑의 네 가지 유형은 한 여인에 대한 사랑, 동성애, 두 사람 이상의 사랑, 사디즘이다.'[7] 중반부에는 클로에와 폴/루이 쌍둥이 형제의 쓰리썸이 나오고, 후반부에는 폴과 클로에/상드라 쌍둥이 자매의 쓰리썸을 암시한다. 이러한 쓰리썸은 세 번째 유형인 '두 사람 이상의 사랑'에 해당하며, 사실상 근친상간, 동성애의 욕망이 내재한 것이자 이별을 강요받지 않기 위해서 계속 같은 사람을 욕망하는 것이다.

둘째, 쌍둥이 형제의 관능적 유혹과 죽음은 클로에의 금지된 성적 욕망의 갈망과 죄책감의 발현이다. 성적 욕망은 삶에 가장 본질적이고 인물에게 놀라운 영향력을 발휘한다는 점에서 예상치 못하는 위력을 가진다. 관능적 유혹으로 등장하는 욕망은 사실상 클로에 자신의 욕망의 각성이라는 점에서 그것을 멈출 수 없다는 점에서 죽음의 길에 이르게 된다. 도덕과 성적 욕망은 양립할 수 없다는 점에서 도덕에 얽매여 있는 인물은 성적 욕망을 느낄 때 죄책감을 동반하게 된다. 이러한 성적 욕망에 대한 죄책감은 또 다른 성적 욕망과 관능적 유혹에 대한 갈망으로 이끌게 만든다는 점에서 욕망은 결핍으로 이어진다.

셋째, 쌍둥이 형제의 관능적 유혹은 상반된 성격의 쌍둥이에 대한 욕망을 통해서 여주인공 자신의 모순된 인격의 충돌 혹은 틀이나 규범에

---

7 츠베탕 토도로프, 최애영(역), 『환상문학서설』, 일월서각, 2013, 254-265쪽.
8 김만수, 「'두 형제' 이야기의 원형과 현대적 변용」, 『구보학보』, 24호, 구보학회, 2020, 443-466쪽.

서 벗어나고 싶은 무의식을 보여준다. 쌍둥이 모티브는 '한 인격에 내재한 모순된 두 측면의 충돌이며, 두 대립적 심리유형 사이의 상보성을 가장 전형적으로 드러내는 사례이다.'[8] 쌍둥이 형제 폴과 루이는 상반된 성격을 가지고 있다는 점에서 쌍둥이 형제에 대한 성적 욕망은 클로에 자신이 틀이나 규범에서 벗어나고 싶은 무의식을 반영한 것이라는 점에서 내면의 외면화이다. 자상하고 다정한 폴과 자유분방하고 터프한 루이에 대한 욕망은 클로에 자신 내면의 두 가지 욕망의 갈등을 표현한 것이다. 클로에는 자신의 세계를 지키고 고수하며 규범적인 삶을 추구하려는 욕망과 자신의 틀을 뛰어넘어 금지된 유혹에 빠지고 싶은 욕망 사이에서 갈등한다. 그래서 폴/루이 형제에 대한 클로에의 외부적 욕망은 바로 클로에 자신의 모순되는 내부적 욕망의 발현이다.

3) 반영하고 유혹하는 거울: 거울의 이중성, 반영성, 상보성

〈두 개의 사랑〉 클로에가 폴에게 정신과 상담을 받는 장면

욕망의 모모(某某)한 대상 - 영화 속 욕망 이야기

클로에/폴과 클로에/루이의 관계는 각각 다른 거울 이미지로 이중성을 재현한다. 첫째, 클로에와 폴의 관계는 관계의 변화, 인물의 감정, 쌍둥이의 존재 등 이중성 재현으로 거울의 반영성을 드러낸다. 클로에가 정신과 의사 폴에게 상담을 받는 장면에서, 투숏, 좌우 클로즈업, 원숏으로 변화하면서 클로에와 폴이 점점 친밀한 관계로 변하는 것을 보여준다. 클로에(왼쪽)와 폴(오른쪽)은 처음에는 소파에 마주앉아 상담을 하는 두 사람을 측면 투숏으로 보여준다. 이때 처음에는 한 장면씩 각각 좌우 클로즈업으로 보여주다가, 나중에는 한 화면에서 두 사람을 동시에 보여주고, 마지막에는 앞에 있는 폴과 뒤의 거울에서 마주보는 클로에를 동시에 보여준다. 처음에는 클로에에게 포커스를 맞추고, 다음에는 폴에게 포커스를 맞추어 보여준다. 치료를 끝내고 작별 인사를 하는 클로에와 폴이 진료실 거울 앞에 서는 장면에서, 거울 가까이에 있는 클로에의 클로즈업과 조금 떨어져 있는 폴의 바스트숏을 함께 보여준다. 화장실 거울 앞에 서 있는 클로에와 폴을 보여주는 장면에서, 거울 가까이에 있는 클로에와 약간 떨어져 있는 폴이 거울 속에서 두 사람의 앞모습, 뒷모습 등 두 쌍씩 각각 나타난다. 이 세 장면을 살펴보면, 클로에와 폴의 관계가 거울을 통해서 분리에서 결합으로 변화하고, 두 명의 남녀가 두 쌍의 남녀가 됨으로써 두 쌍의 쌍둥이에 대해 암시하고 있다.

  둘째, 클로에와 루이의 관계는 폴/루이 쌍둥이의 존재, 쌍둥이 형제에 대한 욕망, 클로에/상드라 쌍둥이의 흡수 등 이중성의 재현으로 거울의 상보성을 드러낸다. 클로에가 정신과 의사 루이에게 가서 상담을 받는 장면에서, 처음에는 클로에와 폴의 상담 장면과 똑같이 클로에(왼쪽)와 루이(오른쪽)가 마주보고 앉아 있지만, 중간에 거울이 위치해서 거울에 두

〈두 개의 사랑〉 클로에가 루이에게 정신과 상담을 받는 장면

사람이 비추어져서 클로에와 루이가 각각 두 명씩 보인다. 클로에와 루이
가 섹스 이후에 진료실에 거울 앞에 앉아 있는 장면에서, 처음 진료할 때
와는 정반대 위치에서 루이(왼쪽)와 클로에(오른쪽)가 나체로 마주앉아
있으며, 거울 속에서도 두 사람의 나체가 보인다. 루이와 클로에 앞에 폴
이 나타나자 클로에가 당황하는 장면에서, 거울에 비친 클로에의 옆에 거
울 앞에 선 폴과 루이가 좌우로 배치되어 있다가 나중에는 폴과 루이의
옆모습이 겹쳐지면서 쌍둥이 두 사람의 모습이 마치 한 사람인 것처럼 합
해진다. 폴과 루이가 하나로 합쳐지는 장면은 클로에가 태아 상태에서 쌍
둥이 동생 상드라를 흡수한 것을 암시한다. 이 세 장면에서 거울을 통해
서 클로에와 루이의 관계는 클로에와 폴의 자리를 대체하는 상보성, 폴/
루이와 클로에/상드라 2쌍의 쌍둥이, 클로에의 쌍둥이 상드라의 흡수를
암시한다.

　　〈두 개의 사랑〉에서 폴/루이 쌍둥이 형제의 반영하고 유혹하는 거울
은 이중성을 통해 반영성과 상보성을 드러낸다. 클로에와 폴/루이 형제와

의 관계는 거울 이미지로 표현되며, 자기 반영성, 이중성, 자아의 분열, 내면의 욕망 등을 표현한다. 인물은 욕망하는 주체로서 반영하고 유혹하는 거울 이미지를 통해 근친상간과 동성애의 욕망을 드러낸다. 인물은 거울을 통해서 자신을 바라보면서 동시에 쌍둥이 형제 혹은 쌍둥이 자매를 바라본다. 이러한 시선은 근친상간과 동성애를 암시하며, 이러한 시선을 통해 반영하고 유혹하는 거울을 보여준다. 거울은 인물에 내재한 무의식의 가시화를 보여줌과 동시에 대상과 욕망의 추구를 나타낸다.

3. 죽음 : 쌍둥이 자매 살인에 대한 처벌과 거울 속의 분신

1) 식인 쌍둥이: 쌍둥이 아우 살인과 죄책감

클로에는 원인 모를 복통으로 계속 시달려 일자리를 구하는 데 곤란을 겪어 심인성 복통 치료를 위해 정신과 상담을 받게 된다. 하지만 클로에의 복통은 사실상 심인성이 아니라 배 속에 있는 혹덩어리 낭종 때문이며, 그 낭종은 바로 15cm 태아 상태의 쌍둥이 동생으로 밝혀진다. 클로에가 폴에게 "엄마 배 속에서 내가 그 애를 먹어 치웠어요."라고 말하자, 폴이 "먹어 치운 게 아니라 흡수한 거야."라고 말해준다. 클로에가 자신을 '식인 쌍둥이'라고 지칭하자, 폴이 배 속의 쌍둥이를 '기생 쌍둥이'(parasitic twin)라고 정정한다.

〈두 개의 사랑〉에서 쌍둥이 자매의 죽음은 죄책감, 살인의 전이, 감시

와 심판의 의미를 보여준다. 첫째, 쌍둥이 형제에 대한 클로에의 욕망과
그로 인한 죄책감은 쌍둥이 자매에 대한 클로에의 살인과 그로 인한 죄책
감의 발현으로 밝혀진다. 상드라는 상상에서 폴의 예전 여자친구, 쌍둥이
남동생 루이의 강간 피해자, 사고로 인한 반신불구 장애인이며, 동시에
현실에서 클로에의 쌍둥이 여동생, 기생 쌍둥이로 죽은 피해자이다. 식인
쌍둥이와 기생 쌍둥이의 대비는 쌍둥이 자매를 죽였다는 클로에의 죄책
감과 쌍둥이 자매를 흡수했다는 폴의 객관화를 대비시킨다. 자신의 쌍둥
이 여동생을 먹어 치웠다는 클로에의 죄책감이 쌍둥이 형제에 대한 과도
한 성적 욕망과 그로 인한 죄책감의 형태로 나타난 것이다.

둘째, 쌍둥이 자매의 죽음은 쌍둥이 아우 살인으로 인한 죽음의 전이
를 보여준다. 자신의 쌍둥이 여동생 상드라의 죽음에 대한 클로에의 죄책
감은 폴의 쌍둥이 남동생 루이의 죽음에 대한 죄책감으로 나타난다. 클로
에는 쌍둥이 여동생 상드라를 먹어 치워 죽게 만든 가해자이면서, 동시에
폴의 쌍둥이 남동생 루이와 불륜을 저지르고 죽게 만든 가해자이기도 하
다. 클로에는 쌍둥이 아우 루이를 살해함으로써 쌍둥이 아우 상드라는 죽
인 자신의 살인 행위를 확정 짓는다. 쌍둥이 남동생 살해는 바로 쌍둥이
여동생 살해의 환유이면서 동시에 자신의 욕망에 대한 억제이다. 루이의
말은 진실에서 거짓으로 변한다. 클로에는 여동생이 없지만 클로에의 배
속에는 태아 형태의 쌍둥이 여동생이 들어 있다. 그리고 클로에가 욕망하
는데 행하지 않아서 질병(=복통)이 생긴 것이 아니라 실제로 심인성이
아니라 복통의 원인(=흑덩어리)가 있었다.

셋째, 쌍둥이 자매의 죽음은 엄마의 감시와 심판의 시선은 바로 여동
생 죽음에 대한 여주인공 자신의 죄책감의 시선이다. 어머니의 존재는 종

교와의 등가성이 있기 때문에 성적 욕망과 관능적 유혹을 느낄 경우에 어머니의 감시와 심판을 의식할 수밖에 없다. 엄마의 감시와 심판의 눈길은 바로 자신이 쌍둥이를 흡수한 것에 대한 엄마의 비판과 자신의 죄책감을 반영한 것이다. 루이와의 관계는 사실이고 폴의 말이 거짓이라고 생각했지만, 사실상 루이와의 일은 상상이고 폴의 말이 진실이었다. 이렇듯 쌍둥이 폴과 루이에 대한 욕망에 대한 죄책감, 어머니의 감시와 심판의 눈길은 사실상 자신의 쌍둥이 상드라에 대한 클로에의 죄책감이 전이된 것이다.

2) 잔혹성: 쌍둥이 아우 살인, 감시와 심판

우리나라의 쌍둥이 설화를 보면 '피지배층인 민중들은 쌍둥이를 성장시킬만한 경제적인 풍요가 없기에 쌍생아가 태어나는 것을 꺼리며, 쌍둥이가 태어나면 장자와 남아 우대로 인해서 아우와 여아가 버림을 받는 존재가 된다.'[9] 〈두 개의 사랑〉에서 잔혹성은 감시와 심판, 살인과 처벌, 자아의 분열 등을 통해 쌍둥이 아우 살인에 대한 죽음의 처벌로 나타난다.

첫째, 〈두 개의 사랑〉에서 잔혹성은 쌍둥이 아우 살해에 대한 어머니의 감시와 심판의 시선으로 나타난다. 클로에에 대한 루이의 욕망은 토도로프의 사랑 유형에서 네 번째 유형인 '사디즘'을 보여준다. 토도로프에 의하면, '욕망에서 출발하여 잔혹성을 이동하는 연결고리가 우리로 하여금 죽음과 만나게 하며, 여성의 월경을 연상시키는 응고된 피는 죽음의

---

9 김자현, 「쌍둥이설화 연구」, 『남도민속연구』, 14권, 남도민속학회, 2007, 123-145쪽.

판결로 이끌며, 강간의 장면은 욕망과 죽음의 의미작용상의 근접성이란 징후 아래 놓여 있다.'[10] 클로에가 정신과 진료에서 엄마가 예쁘고 자유롭고 똑똑하지만 친밀감이 없고 어머니가 감시하고 심판하는 느낌이며, 어머니의 냉혹한 눈길은 사랑이 없어서 배 속에 아픔이 느껴진다고 말했다. 잔혹성은 욕망에서 죽음으로의 연결고리이자 죄책감으로 인한 감시와 심판 그리고 자기 처벌의 의미를 보여준다.

둘째, <두 개의 사랑>에서 잔혹성은 쌍둥이 형 연인에 대한 루이의 집착과 폭력의 시선으로 나타난다. 루이는 쌍둥이 형 폴에 대한 애증으로 인해서, 폴의 예전 연인 상드라 셸케르를 강간하고, 폴의 현재 연인 클로에에 대한 폭력적인 성행위, 지나친 집착, 죽음의 협박으로 잔혹성을 보여준다. 폴의 예전 여친 상드라가 루이에게 성폭행을 당했다고 생각했는데, 사실상 루이를 욕망했던 것으로 밝혀지며 잔혹성을 띠는 행위가 관능적인 색채를 강화시킨다. 클로에는 자신이 연인의 형제와 성행위를 한다는 죄책감에서 자신의 욕망을 감추고 루이의 잔혹성과 살인 위협을 부각시킴으로써 욕망, 잔혹성, 죽음의 연관성을 보여준다. 루이에 대한 클로에의 욕망 혹은 클로에에 대한 루이의 욕망은 결국 집착과 폭력적인 성행위라는 잔혹성으로 이어진다.

셋째, 클로에는 루이를 성폭행 가해자로 만들고 자신이 루이를 살해함으로써, 루이라는 인물을 통해서 자신의 살인에 대해 스스로를 처벌하는 의식을 거행한다. 루이의 사디즘적 욕망과 잔혹성은 사실상 클로에 자신의 몸 속에 죽은 쌍둥이 자매에 대한 자신의 잔혹성에 대한 죄책감의 발

---

10 츠베탕 토도로프, 최애영(역), 『환상문학서설』, 일월서각, 2013, 263쪽.

현이다. 클로에는 사디즘의 잔혹성의 피해자가 됨으로써 자신의 잔혹성에 대해 희생을 치르려는 행위를 보여준다. 루이가 폴의 연인인 상드라를 성폭행하고 상드라가 자살을 시도하여 반신불구의 상태가 된 것은 사실상 클로에 자신이 자신의 자매인 상드라를 죽게 만든 것에 대한 등치라는 점에서 강간, 욕망, 죽음이 서로 연관된다. 마지막의 환상에서 클로에는 자신의 배 속에서 죽은 쌍둥이 자매 상드라를 부활시키며, 산 자들의 세계로 되돌아온 죽은 자와의 사랑을 표현하며, 성적 욕망에 대한 징벌 혹은 자매의 죽음에 대한 징벌을 보여준다.

3) 거울과 분신: 심리적 상처의 폭주와 자아의 흡수/거부

〈두 개의 사랑〉에서 쌍둥이 자매 모티브는 거울 이미지와 미장센을 통해 심리적 상처의 폭주와 죽음의 처벌을 보여준다. 첫째, 쌍둥이 자매 모티브는 거울을 통해 보이지 않는 세계에서의 죽음과 타자에 대한 공포를 보여준다. 거울은 보이지 않는 세계, 죽음과 분신, 자아의 문제, 타자에 대한 공포 등의 문제를 제기한다. 쌍둥이의 죽음은 타자에 대한 공포와 연관되며, 특히 루이의 죽음은 클로에 자신의 금지된 욕망과 관련된다. 상드라의 죽음은 클로에의 금지된 욕망을 투사해서 죄를 뒤집어쓰는 희생물의 의미를 보여주며, 거울, 쌍둥이 등으로 나타나는 분신테마를 암시한다.

둘째, 쌍둥이 자매 모티브는 거울을 통해 심리적 상처의 폭주를 보여주며, 이때 여주인공의 처벌의 주체이자 대상이 된다. 영화의 기호와 심리에서 '거울은 세계에서 소외된 인물들이 거울을 통해 심리적 상처를 치유하거나 폭주한다.'[11] 이 영화에서 거울 이미지는 심리적 상처를 치유하거나 폭주함으로써 죽음과 처벌의 의미를 나타낸다. 이 영화에서 거울은 자신이 정신적으로 감추어둔 혹은 육체적으로 감추어둔 상처를 드러내고 잔혹성을 강화한다는 점에서 심리적 상처에 대한 치유보다는 폭주의 의미를 쓰인다. 거울을 통해 클로에는 자신의 얼굴을 보면서 동시에 자신의 죽은 쌍둥이 얼굴을 보게 된다. 거울의 반영적 이미지가 자신의 반영적 이미지뿐만 아니라 쌍둥이의 반영적 이미지까지 포함하게 된다. 그래서 여주인공은 거울의 반영적 이미지와 자아의 분신으로 인해서 죽음의 처벌에서 주체이자 대상이 된다.

〈두 개의 사랑〉 클로에가 루이의 진료실로 들어서는 장면

셋째, 쌍둥이 자매 모티브는 거울을 통해서 죽음과 처벌로 인한 자아의 분열, 혼란, 죄책감이라는 세 단계의 변화를 보여준다. 우선, 전반부에

11 박수미, 「스탠리 큐브릭 영화의 기호와 심리」, 『현대영화연구』, 24권, 한양대학교 현대영화연구소, 2016, 229-254쪽.

서 거울은 여주인공의 자아의 분열을 나타낸다. 루이의 진료실 앞에 있는 여러 개로 분할된 거울 앞에 클로에가 서는 장면에서, 여러 개의 클로에의 얼굴이 나타나면서 클로에의 자아 분할이 나타난다. 다음으로, 중반부에서 거울은 여주인공의 정체성과 관계의 혼란과 숨겨진 쌍둥이의 존재를 나타낸다. 클로에가 화장실에 가서 화장하는 여자를 쳐다보는 장면, 클로에가 상드라 집에 들어가는 장면, 클로에가 옆집 로즈 부인과 마주보고 있는 장면 등에서 거울을 통해 클로에가 여러 개로 분할되어 쌍둥이의 존재를 암시한다. 마지막으로, 후반부에서 거울은 여주인공의 자아의 분열, 죄책감의 발현, 성적 욕망의 유혹 등 복합적인 의미를 띤다. 클로에가 자신을 위협하는 루이를 죽이기 위해 권총을 들고 루이를 찾아가는 장면에서, 루이 진료실 앞에 있는 네 조각으로 나눠져 있는 거울 앞에서 클로에의 모습이 네 개로 분열된다. 마지막에 섹스를 하는 폴과 클로에 앞에 쌍둥이 상드라가 나타나는 장면에서, 유리창에 비치는 클로에와 유리창 앞에 서 있는 상드라가 서로 마주보고 상드라가 거울을 깬다.

〈두 개의 사랑〉 클로에가 미술관에서 근무하는 장면

넷째, 쌍둥이 자매 모티브는 의상과 미장센을 통해 쌍둥이 이미지의 흡수, 거부, 분열이라는 세 가지의 의미 변화를 보여준다. 우선, 미술관에서 검은색 벽 앞에 검은색 정장을 입은 클로에가 앉아있는 장면에서, 검은색의 벽이 검은색의 클레어를 흡수하는 느낌을 주고 있어서 쌍둥이 자매의 흡수를 이미지로 형상화하여 암시한다. 다음으로, 흰색 벽 앞에 검은색 정장을 입은 클로에가 앉아있는 장면에서, 클로에가 혼자 튀어 나와 보이면서 흡수를 거부하는 의미를 보여주며, 나중에 이상한 무늬의 상상적 이미지로 미궁 속에 빠져드는 느낌을 준다. 마지막으로, 흰색 벽 앞에 검은색 정장을 입은 미술관 직원이 좌우로 앉아있는 장면에서, 클로에가 똑같은 검은색 정장을 입고 중앙에서 걸어 들어옴으로써 한 명이 세 명으로 분열되는 느낌을 준다.

다섯째, 쌍둥이 자매 모티브는 익스트림 클로즈업과 클로즈업을 통해서 쌍둥이의 존재를 강조한다. 우선, 긴 머리카락을 자르는 클로에의 눈을 익스트림 클로즈업으로 보여주는 장면에서, 클레어의 긴 머리카락과 쌍둥이 여동생 상드라의 긴 머리카락의 유사성을 보여주면서, 자아와 타자의 시선을 강조한다. 다음으로, 복통을 호소하는 클로에의 질을 익스트림 클로즈업으로 보여주는 장면에서, 의사가 가벼운 감염이라고 말해주지만 클로에의 배 속에 들어 있는 쌍둥이로 인해 복통이 생겼음을 암시한다. 클로에가 임신한 후 보는 초음파 영상을 클로즈업으로 보여주는 장면에서, 영상 속의 태아 모습을 여러 개로 겹쳐 기하학적인 무늬처럼 제시하다가, 흑백 화면에 클로즈업해서 다가가면서 점점 더 미궁으로 빠지는 느낌을 준다. 이렇듯 클로즈업과 익스트림 클로즈업을 통해서 자궁으로 연결되는 질, 자궁 초음파 영상을 통해 클로에의 몸 속에 자신의 아이가 아니라 자신의 쌍둥이, 즉 엄마의 아이가 들어 있음을 암시한다.

4. 환상: 현실/상상의 경계에 선 쌍둥이와 분열된 거울

1) 현실/꿈: 클로에의 자아 분열과 진실/거짓말의 전도

〈두 개의 사랑〉에서 폴의 쌍둥이 남동생 루이와 예전 여자친구 상드라가 존재하지 않는 인물이라는 것이 밝혀지면서 관객은 어디까지가 현실이고 어디부터 상상이었는지 알 수 없게 된다. 클로에가 폴의 물건을 뒤져 폴 메이예가 아니라 폴 들로르였다는 것을 발견하면서부터 클로에의 상상이 시작된다. 사실상 쌍둥이나 형제가 없고 부모의 이혼으로 아버지의 성에서 엄마의 성으로 바뀌었다는 폴의 거짓말은 진실이었고 루이의 진실은 거짓말이었다. 후반부 클로에가 병원에서 수술받는 장면부터 상상이 끝이 나고 현실로 돌아오면서 루이와 상드라는 사라진다. 하지만 클로에와 폴이 섹스할 때 이번에는 폴의 쌍둥이 남동생 루이 대신 클로에의 쌍둥이 여동생 상드라가 나타나면서 클로에의 상상의 세계는 다시 시작된다.

〈두 개의 사랑〉에서 네 가지 꿈은 거울처럼 현실과 상상의 경계에 있어서 현실인지 상상인지 분간할 수 없게 만든다. 클로에가 자신의 정신과 상담의사인 폴 메이예에게 자신이 꾼 두 가지의 꿈에 대해서 말한다. 나중에 클로에가 루이와의 정신과 상담을 한 후, 자신의 기생 쌍둥이 상드라의 존재를 알게 된 후 두 가지 꿈을 꾸게 된다. 첫 번째는 클로에가 자신의 배가 커져 터질까 봐 산부인과에 가서 다리를 벌리고, 의사가 자신의 질을 들여다보자 클로에가 강간을 당할까 봐 두려워 다리를 오므리는 꿈이다. 이 꿈은 자신의 배 속에 들어 있는 기생 쌍둥이 상드라와 루이에게 강간당하는 상드라라는 두 인물을 동시에 암시한다. 두 번째는 쌍둥이 형제가 클로에를 유혹하는 꿈이다. 이 꿈은 폴/루이 쌍둥이 형제에 대한 상드라 쉥케르와 클로에의 성적 욕망, 클로에/상드라 쌍둥이 자매에 대한 폴/루이 쌍둥이 형제의 성적 욕망 등을 암시한다. 두 가지 꿈 모두 앞으로 상상으로 벌어질 일의 복선 역할을 한다.

세 번째는 폴과 동거하면서 클로에는 폴과 섹스하는 침실에 루이가 걸어 들어와서 세 명이 쓰리썸을 하는 꿈이다. 이는 쌍둥이 형제인 폴과 루이에 대해 동시에 관능적 유혹을 느끼는 클로에의 성적 욕망을 반영한다. 네 번째는 클로에가 폴과 섹스하는 침실에 나체의 상드라가 걸어 들어오는 꿈이다. 클로에와 폴/루이 쌍둥이 형제의 쓰리썸 꿈이 쌍둥이 형제에 대한 클로에의 성적 욕망을 반영한다면, 폴과 클로에/상드라 쌍둥이 자매의 쓰리썸 꿈은 기생 쌍둥이 자매 상드라에 대한 클로에의 죄책감을 반영한다.

2) 자아/그림자: 현실의 자리와 환상의 자리

클로에의 꿈과 상상은 욕망의 자리와 환상의 윤리를 보여준다. 작품에서 '자리'는 타자의 욕망을 욕망하게 만들거나 서로 경합하고 다투게 하는 속성을 지니며, 그에 비해 환상의 자리는 주체 고유의 공간으로 침해

되어서는 안 되는 성격을 갖는다.'[12] 폴/루이 쌍둥이 형제와 클로에/상드라 쌍둥이 자매는 거울상이 되어 서로의 자리를 차지하려고 다툰다. 폴/루이 형제에 대한 클로에의 욕망은 폴과의 정상적인 관계를 넘어서 비정상적인 관계에 대한 욕망으로 발현된다. 그것은 말 잘 듣는 딸의 역할, 정상적인 연인관계, 직장에서의 규칙적인 생활 등 사회의 규범적 자리에서 벗어나고자 하는 욕망이다.

클로에는 폴의 자리를 대체할 혹은 폴의 옆자리를 차지할 루이라는 환상을 만들어내고, 그 죄책감으로 자신의 자리를 대체할 혹은 자신의 옆자리를 차지할 상드라라는 환상을 만들어낸다. 현실의 자리와 환상의 자리는 대체적이고 상보적이지만 동시에 존재할 수 없는 자리이다. 현실의 자리는 규범을 따르지 않으면 빼앗기는 자리이기 때문에 타자의 욕망을 욕망하게 만들거나 경합하고 다투게 하는 속성이 있다는 점에서 자신의 욕망을 은폐할 수밖에 없게 만든다. 반면에, 환상의 자리는 환상 속의 욕망이기 때문에 누구에게도 비난받지 않고 타자를 욕망하거나 타자의 욕망을 욕망할 수 있으며, 그러한 욕망으로 인해서 자신의 자리를 빼앗기지 않는 안전장치로 작용한다.

쌍둥이 모티브는 자아/그림자, 현실/환상이라는 상충되는 요소로 이중성을 보여준다. '자아와 그림자는 서로 상충되며, 삶을 충실하게 살아갈 수 있는 능력은 죽음 혹은 미지의 세계를 수용하는 능력이다.'[13] 영웅/

12 손성우, 「영화 〈기생충〉의 욕망의 자리와 환상의 윤리」, 『영화연구』, 81호, 한국영화학회, 2019년 1월, 89-122쪽

13 스티븐 리더, 「에덴 되찾기: 아르노프스키의 『샘』에 나타난 죽음공포의 성복」, 『문학과종교』, 16권 3호, 한국문학과종교학회, 2011, 145-166쪽.

괴물, 가해자/희생자처럼 자아와 그림자는 서로 상충되며 자아의 그림자가 계속해서 나타난다. 루이는 폴의 그림자이고, 상드라는 클로에의 그림자이다. 클로에가 자신의 현실에서 삶을 살아가기 위해서는 루이에 대한 욕망과 상드라에 대한 죄책감을 환상의 영역에서 계속 반복함으로써 욕망, 죽음, 미지의 세계를 수용하는 것이 가능해진다.

3) 거울의 분열: 현실의 자아와 상상의 자아

〈두 개의 사랑〉 클로에와 폴이 사랑을 나누는 장면

〈두 개의 사랑〉에서 여주인공과 쌍둥이 여동생의 분열, 현실적 자아와 상상적 자아의 분열 등이 거울의 반영과 분열의 이미지로 표현된다. 첫째, 거울은 빛을 이용하여 외형을 반사시켜 주며, 거울을 바라보는 자신의 내면을 투영해 주며, 거울 앞에 있는 자신과 거울 속의 자신으로 분열되어, 현실의 자아와 거울의 자아로 인해서 격리성과 이중성을 보여준다. 우선, 전반부에서는 클로에를 비추는 내면의 투영과 함께, 폴, 루이, 로즈 부인, 상드라 엄마과의 격리성, 이중성을 표현한다. 다음으로, 중반부에서는 클로에/상드라 쌍둥이 자매와 폴/루이 쌍둥이 형제의 거울 속 다중의 이미지로 남녀 주인공의 분열을 보여준다. 마지막으로, 결말 부분에서 클로에와 폴이 있는 침실에 클로에의 쌍둥이 상드라가 나타나는 장면에서, 어두운 밤이 아밀감 역할을 해서 거울처럼 유리창 이미지를 반사하게 만들어, 유리창 건너편의 클로에와 유리창에 비친 상드라를 동시에 보여준다. 이때 상드라가 클로에와 상드라 자신을 가로막는 유리창을 깨뜨림으로써 현실적 자아와 환상적 자아 사이의 경계를 허물어 버린다. 이제 클로에의 분열된 자아는 현실과 상상으로 이분화 되는 것에서 나아가 현실과 상상이 혼재되어 버린다.

둘째, 성기라는 은밀한 신체나 침실이라는 은밀한 공간과 관련된 꿈에서 쌍둥이 형제나 자매의 출현은 거울 이미지처럼 미장센을 통한 분열을 보여준다. 우선, 클로에가 두 명으로 분열되어 폴/루이 형제와 쓰리썸을 하는 장면은 쌍둥이 형제와 쌍둥이 자매의 흡수/분열을 의미한다. 어둠 속에서 섹스를 하는 클로에와 폴에게 검은 옷을 입은 루이가 서서히 다가온다. 처음에는 중간에 클로에가 누워있고 왼쪽에는 폴이 누워있고 오른쪽에는 루이가 누워있으며, 클로에의 몸은 하나인데 얼굴이 두 개가 되면서 양쪽에 있는 폴과 루이와 번갈아가며 키스를 하며 쓰리썸의 형태를 보여준다. 나중에는 클로에가 두 명으로 분열되면서 폴/루이와 각각 섹스를 한다. 다음으로, 꿈과 상상 속에서 쌍둥이와 분열의 이미지가 나타나고 있으며, 클로에/상드라도 쌍둥이이며 클로에의 자아가 계속해서 분열된다는 것을 암시한다. 루이가 자신이 형이라고 말하는 장면에서, 쌍둥이 중에서 둘째(= 폴)가 허약해서 먼저 죽는다고 하자 클로에가 눈물을 흘린다. 마지막으로, 클로에의 상상 속에서 어린 시절의 폴과 루이가 나타나 싸우는 장면이 계속 반복되는데, 그때 두 명이 서로 뒤섞이고 나중에는 거울 이미지를 통해 2명이 4명으로 점점 분열되고, 마지막에는 클로에를 중심으로 폴과 루이가 좌우에 서 있어서 클로에를 당황하게 만든다.

〈두 개의 사랑〉에서 고양이의 이미지는 루이의 집착, 클로에의 쌍둥이 자매, 죽음의 박제 등을 통해서 성적 욕망, 기생 쌍둥이, 죽은 영혼 등 다양한 의미를 담고 있다. 클로에가 성적 욕망을 느낄 때마다, 특히 폴과 루이 쌍둥이 형제 둘 다에 대해 성적 욕망을 느낄 때마다 고양이가 등장한다. 옆집 로즈 부인에게 맡겨놓은 클로에의 고양이 말로는 어디론가 사라지고, 대신 클로에는 루이에게서 고양이 브로치와 고양이 심장을 선물 받는다는 점에서 루이의 잔혹성을 드러낸다. 루이는 클로에에게 자신의 고양이는 고양이 중에서 쌍둥이 XXY를 가지고 있는 종이며 태아 상태의 형제자매를 갖고 있는 식인 쌍둥이라는 설명을 한다는 점에서 클로에의 기생 쌍둥이를 암시한다. 클로에와 폴의 침실에 처음에는 고양이 말로가 나타나고, 그 다음에는 폴의 쌍둥이 루이가 나타나고, 마지막에는 자신의 쌍둥이 상드라가 나타난다. 로즈 부인의 경우 자신의 죽은 고양이를 박제로 만들어 집에 놔두고 있다.

5. 쌍둥이와 거울: 욕망/죽음/환상의 상관관계

〈두 개의 사랑〉에서 쌍둥이 모티브는 경쟁담과 상보성을 보여준다. '형제 서사 유형의 세 가지 패턴은 경쟁담, 협력담, 상보성이다.'[14] 이 영화는 쌍둥이 형제와 쌍둥이 자매를 중심으로 한 인격에 내재한 모순된 두 측면의 충돌을 보여주며, 경쟁, 살인, 질투, 근친상간, 거짓말을 중심으로 경쟁담과 함께 대체할 수 있는 쌍둥이를 통해 상보성을 보여준다. 폴/루이 형제와 클로에/상드라 자매는 이혼과 죽음 등의 이유로 그러한 공존과 성장의 경험이 없다는 점에서 공유, 의지, 협력보다는 비교, 질투, 경쟁의 의미가 더 부각된다. 폴/루이 쌍둥이 형제에 대한 성적 욕망은 두 형제의 성격으로 대비되는 보수/진보, 안정/모험, 남성/여성, 선/악, 이성/감성 등 클로에의 인격에 내재한 모순된 두 측면의 충돌을 보여준다. 그리고 '쌍둥이설화의 네 가지 유형인 신이담, 기피담, 희화담, 발복담'[15] 중에서 신이담과 기피담에 해당한다. 남동생 루이와 여동생 상드라는 둘 다 클로에에 의해 죽임을 당하며 희생물로 바쳐진다. 루이는 쌍둥이 형의 연인을 욕망한 죄를 짓고 상드라는 좁은 자궁 안에서 추방되어, 형의 생존과 아우의 죽음으로 끝이 난다.

<두 개의 사랑>에서 쌍둥이 모티브의 이중성, 의사소통 불가능성, 식별/정체성, 잃어버린 자아의 의미작용은 거울 이미지를 통해 풍부하게 재현된다. 첫째, 거울 이미지는 거울에 둘러싸인 자신을 보는 것과 동시에 자신이 속한 세계를 반영한다는 점에서 이중성을 보여준다. 인물은 거울을 보고 그 본다는 행위를 통해 거울 속의 비치는 자신의 모습을 보면서 자신을 본다는 점에서 반영의 이미지와 이중성을 드러낸다. 둘째, 거울은

---

14 김만수, 「'두 형제' 이야기의 원형과 현대적 변용」, 『구보학보』, 24호, 구보학회, 2020, 443-466쪽.

15 김자현, 「쌍둥이설화 연구」, 『남도민속연구』, 14권, 남도민속학회, 2007, 123-145쪽.

자신의 반영에 불과하기 때문에 자신 속에 갇혀 버리고 타인들과 의사소통이 불가능해짐을 보여준다. 거울은 현실에 존재하는 타인들을 배제한 비정상적인 세상 혹은 타인들을 외면하는 불완전한 세상을 보여준다. 셋째, 거울은 자기 자신에 대한 식별이자 정체성을 보여주지만, 다른 사람에게 비치는 자기의 정체성을 보여준다. 자기 자신에 대한 식별이지만 동시에 타인의 시선이 녹아들어간 식별로 자신의 정체성을 잃어버린다. 넷째, 현실과 상상의 경계, 가상세계, 환상을 통해 죽은 쌍둥이, 잃어버린 자아를 그리워하며, 거울의 반영적 이미지로 현실과 환상의 경계를 구분하기 힘들며, 진짜/가짜, 쌍둥이 형제와 자매를 구별하기 힘들게 된다. 거울 이미지로 구현되는 쌍둥이 이미지는 자신의 분열일 수도 있고 자신의 잠재된 쌍둥이 이미지의 발현일 수도 있다.

제2부

가족, 자기애

4장
엄마의 욕망, 봉준호의 <마더>

김경욱

스릴러, 필름누와르 그리고 멜로드라마의 기이한 조합

〈괴물〉(2006)로 대대적인 성공을 거둔 봉준호는 다음 영화로 이전 영화에 비교해 소품이라고 할 수 있는 〈마더〉(2009)를 찍었다. 혜자(김혜자)[1]가 살고 있는 동네에 여고생 아정[2]이 시체로 발견되면서 사건이 펼쳐진다. 경찰은 시체 근처에서 발견된 도준(원빈)의 이름이 써진 골프공, 알리바이의 부재, 유도신문 등으로 혜자의 아들 도준을 범인으로 확정한다. 도준은 기억력에 문제가 있고 지능이 낮은 20대 청년으로, 순진무구한 외모까지 더해서 그렇게 잔인한 범행을 저질렀을 것 같지 않기 때문에 뭔가 심각한 착오가 있다고 생각하게 된다. 혜자는 경찰의 강압수사에 의해 아들이 살인 누명을 썼다고 확신한다. 그녀는 도준에게 "설사 네가 죽였더라도 아니라고 해야지"라고 말하기까지 한다.

이때부터 영화는 무고한 주인공이 누명을 쓰거나 함정에 빠지는 스릴러 장르로 진입한다. 스릴러의 주인공은 온갖 역경을 뚫고 자신의 힘으로 마침내 함정에서 벗어나게 된다. 이 영화에서는 도준이 체포된 상태인 데다 스스로 문제를 해결할 능력이 부족하기 때문에 엄마가 해결사로 나설 수밖에 없다. 스릴러 장르를 비틀면서 모성의 멜로드라마를 결합한 것이다.

아들의 결백을 확신하는 혜자는 먼저 유능한 변호사를 고용해 문제를

---

1 〈마더〉에서 김혜자가 연기하는 역할은 '엄마' 또는 '어머니'로 불리기 때문에 그녀의 이름은 드러나지 않는다.
2 〈살인의 추억〉, 〈괴물〉에 이어 〈마더〉에서도 여학생이 '희생자'가 된다. 이에 대해서는 김경욱, 「소녀의 죽음에 응답하는 한국영화의 두 가지 방식」, 『나쁜 세상의 영화사회학』, 도서출판 강, 2013, 참고.

해결하려 하지만 여의치 않자 직접 범인을 찾아 나선다. 먼저 어리숙한 도준을 번번이 이용해 먹는 친구 진태(진구)가 의심스러워 그의 집에 몰래 들어가 피가 튄 것 같은 골프채를 찾아낸다. 그러나 경찰의 조사 결과, 피가 아니라 빨간 립스틱으로 밝혀진다. 혜자는 치매 할머니와 살던 아정이 생계를 위해 매춘을 했다는 사실을 알아내는데, 그녀와 관계한 남자들 가운데 고물상 노인이 가장 수상하다. 혜자는 고물상 노인을 찾아가 범인인지 탐색하려 오히려 그 노인이 도준의 범행을 지켜본 목격자라는 사실을 알게 된다. 진실에 대한 혜자의 즉각적인 응답은 흉기로 노인을 사정없이 내리친 다음 고물상에 불을 지르는 것이다. 결국 그녀는 아들의 범죄와 함께 자신의 범죄까지 완전히 덮어버린다.

〈마더〉 혜자는 고물상 노인의 피를 뒤집어쓴다

도준이 진짜 범인으로 밝혀지고 혜자가 정신적으로 붕괴하는 순간, 영화는 스릴러와 모성의 멜로드라마에 필름누와르 장르가 가미된다. 탐정/형사가 사건의 진상을 파헤치는 과정에서 자신의 연루 또는 트라우마와 직면하게 되는 것이 필름누와르의 특징이기 때문이다. 때마침 다운증후군 환자 종팔이 입고 있던 옷에서 아정의 혈흔이 발견되는 바람에 범인으로 체포된다. 불우한 환경이지만 엄마가 있는 도준에 비해 종팔은 엄마조차 없는 고아이다. 봉준호 영화에서 나쁜 일은 언제나 계급의 사다리 아래로 흘러내려간다. 도준은 풀려났지만, 혜자는 끔찍한 비밀을 간직한 채 살아가야 한다.

브레이크 파열된 엄마

봉준호는 대표적인 국민 엄마 배우 김혜자와 꼭 작업을 해보고 싶었다고 한다. 그런데 찍게 된다면 김혜자의 고정된 이미지와는 거의 정반대로 접근해 '브레이크 파열된 미친 엄마'를 그리고자 했다. 그 결과 '모성애에 대한 파격적인 접근'이 되었다.

그렇다면 혜자는 어떤 엄마일까? <마더>의 오프닝 씬에서 혜자는 들판을 비틀거리며 걸어오다 무언가에 쫓기듯 뒤를 힐끔힐끔 돌아본다. 아무도 없다는 걸 확인했기 때문인지 그녀는 갑자기 관객에게 '미친 여자'라고 선전포고하듯이 춤을 추기 시작한다.[3] 이 씬에서 가장 인상 깊은 제스처는 혜자가 춤을 추면서 눈을 가린 다음 입을 가리는 것과 어둠 속에 귀신처럼 우두커니 서서 가슴팍에 손을 집어넣는 것이다. 전자의 제스처에서 그녀는 눈을 가리고 웃는 것 같기도 한데 얼굴이 드러나는 순간은

---

3 봉준호는 이 장면에 대해 "엄마가 갑자기 춤을 추기 시작하는 첫 순간이 가장 짜릿한 것 같다. 선전포고 같은 거다. 이 영화 좀 이상하다. 이 여자 미쳤다, 내지는 미칠 것이다. 카메라가 다가가는 게 아니라 카메라를 향해 김혜자가 다가온다. 이건 김혜자 영화다, 이렇게"라고 말한다. (『씨네21』 705호의 인터뷰).

다시 근심 어린 어두운 표정으로 바뀐다. 엄마는 미쳤고, 숨겨야 할 비밀이 많은 여자 같다.

〈마더〉 혜자는 등장하자마자 '미친 여자'처럼 춤을 춘다

봉준호는 김혜자의 국민 엄마 이미지를 영화가 시작하자마자 깨뜨린 다음 첫 장면으로 넘어간다. 이때 혜자는 가게에서 작두로 한약재를 썰면서 눈으로는 도준을 주시한다. 도준은 길가에서 개와 장난을 치고 있을 뿐인데, 엄마의 눈길은 당장 무슨 일이라도 생길 것처럼 불안하게 흔들린다. 혜자의 불길한 예감에 응답이나 하듯 자동차가 도준을 치일 듯 스치고 지나간다. 비명을 지르며 아들 쪽으로 달려나가는 그녀는 작두에 손을 베였다는 사실조차 모르고 있다. 오프닝 씬에서 '미친 여자' 같았던 혜자는 '마더(Mother)'라는 제목에 걸맞게 한편으로는 세상에서 정상인으로 살아가기 어려운 아들을 위해 완전히 헌신하는 엄마처럼 보인다.

혜자는 도준의 결백에 집착한 나머지 아정의 죽음 자체에는 전혀 관심도 없고 죄책감을 느끼지도 않는다. 바로 그렇기 때문에 도준이 살인 혐의로 구속되고 현장검증을 하고 난 다음에도 혜자는 아정의 화장장을 찾아갈 수 있다. 이 장면에서 혜자가 공동묘지를 걸어가는 모습은 아주 멀

리서 부감(bird's eye view)으로 촬영한 쇼트로 시작한다. 그녀가 왜 그곳에 왔는지 아직 알지 못하는 상태에서, 무덤 가득한 공간을 가로지르는 이미지는 다소 기묘하게 다가온다. 이 부감 쇼트는 죽은 아정의 시점 쇼트 같고, 그래서 대낮이기는 하지만 혜자는 무덤 사이를 헤매는 유령처럼 보인다. 다음 쇼트에서 슬픔에 잠긴 유족들 앞에 혜자의 모습은 먼저 그림자로 나타난다. "어떻게 여기를 왔느냐?"는 유족들의 힐난 어린 물음에 혜자는 "크게 봐서 한동네 사람으로서 명복을 빌러 왔다"고 천연덕스럽게 대답한다. 그러면서 "우리 아들이 안 그랬으니 세상 사람들은 다 그래도 여러분들은 절대 헷갈려서는 안 돼!"라고 부르짖는다. 혜자는 유족들 앞에서 아들의 결백을 주장하고 유족들로부터 그것을 인정받으려고 여기까지 온 것이다. 아정의 죽음과 아들의 연루를 분리하려는 혜자의 광기 어린 '애도작업(travail de deuil)'으로 장례식은 순식간에 아수라장이 된다. 혜자는 유족들에게 온갖 모욕을 당하고 나서도 아무 일도 없었다는 듯 태연한 표정으로 화장을 고친다. 적어도 그녀에게는 그녀식의 기이한 애도작업이 성공적으로 마무리된 것이다.

이후 혜자는 자기 손으로 진범을 잡겠다고 나서면서 아정에 관련된 많은 사실을 알게 되지만 여전히 나이 어린 피해자에 대한 별다른 감정을 보이지 않는다. 사건의 결정적 단서가 담겼다고 추정되는 아정의 핸드폰을 찾으려고 아정의 집을 찾아가 치매 걸린 할머니와 마주쳤을 때도 혜자는 동정심 따위로 흔들리지 않는다. 오히려 태연하게 거짓말까지 하면서 아정의 핸드폰을 손에 넣는다. 그런 다음 살인의 유력 용의자로 떠오른 고물상 노인을 찾아가 결국 자신의 손에 피를 묻히게 된다.

이 장면에서 브레이크 파열된 엄마는 절정에 이른다. 혜자가 "절대

(내 아들이 범인이) 아니야"라며 고물상 노인을 스패너로 사정없이 내려칠 때, 그녀는 냉혹한 살인마처럼 보인다. 노인의 피가 바닥으로 흥건하게 흘러가는 걸 본 혜자는 갑자기 정신이 돌아온 듯 자신의 행위를 깨닫고 비명을 지르고 울기도 하지만, 다시 무표정한 얼굴로 고물상에 천천히 불을 지른다. 그런 다음 넋이 나간 사람처럼 오프닝 씬의 그 공간으로 걸어간다. 브레이크 파열된 엄마의 공격성과 분노 그리고 광기가 김혜자의 신들린 연기와 만났을 때, 어떤 영화에서도 보지 못했던 살인 장면이 탄생했다. 봉준호는 이 장면을 연출하기 위해 〈마더〉를 찍은 것 같다.

모성의 에로티시즘

〈마더〉에서, 스릴러와 필름누와르 장르의 외피를 걷어내고 나면 무엇이 남게 될까? 엄마와 아들의 모성의 멜로드라마가 남는다. 미친 듯한 엄마 혜자와 지적장애가 있는 아들 도준[4]은 그들이 보통 사람들이었다면 이상하게 여길 만한 상황을 계속 연출한다. 영화 도입부의 이상한 대사. 진태가 "여자랑 자봤냐?"고 묻자, 도준은 "여자와 잤다"면서 "엄마"라고 덧붙인다. 이때 진태는 도준의 말을 못 들은 척 고개를 돌려버린다. 이 영화에서 '엄마와 자는 사이' 라든지, '엄마와 잤다' 는 대사는 농담처럼 계속 반복된다.

4　혜자는 "생활고에 못 이겨 5살 된 도준과 동반 자살을 시도했는데 그 후유증으로 도준에게 지적장애가 생겼다"고 말한다. 다시 말해서 〈괴물〉의 강두처럼, 도준 또한 가난 때문에 머리에 문제가 생긴 것이다.

<마더> 혜자는 아들의 방뇨를 자세히 들여다본다

　도준의 아버지에 대해서는 단 한마디의 언급조차 하지 않는 엄마는 닭백숙을 도준의 밥그릇에 올려놓으면서 '몸에 좋다'고 말하는 대신 '정력에 좋다'고 말한다. 그리고 이어지는 기묘한 장면. 도준이 길가의 벽에 대고 오줌을 눌 때, 혜자는 한 손에는 보약 그릇을 들고 아들의 성기 부분을 자세히 들여다본다. 도준이 버스를 타고 떠나자, 그녀는 오줌의 흔적을 보이지 않게 하려고 널빤지 같은 것으로 가린다. 이 장면은 아들의 범죄를 숨기려는 엄마의 안간힘을 사전에 암시하는 행동으로 해석할 수 있다. 그런데 바로 앞의 그녀 시선이 마음에 걸린다. 때문에 아들의 노상방뇨 흔적을 감추려는 게 아니라 아들의 성기를 본 엄마의 성적 욕망을 숨기려는 것으로 해석하게 된다. 그러므로 <마더>는 살인사건의 진범을 쫓는 척하면서 사실은 엄마의 성적 욕망, 아들을 향한 엄마[5]의 '근친상간'[6] 욕망

　5　봉준호는 인터뷰에서 "영화 속 '마더'는 김혜자 선생님, 우리 엄마, 애기 엄마의 모습이 믹스되어 있다. 부, 모, 아들, 딸. 이 네 구성이 만들어낼 수 있는 경우의 수 중에 모자 관계가 가장 센 조합 같다. 한 몸에서 잉태되어 분리되었지만 성적으로 다른 이성 관계. 집에 같이 살고 잠도 같이 자는 나이든 여자와 젊은 남자, 가장 가까운 사이지만 서로 범할 수는 없는 터부의 남녀. 영화에서는 엄마랑 자, 라는 대사도 있고, 심지어 잠만 자나 떡도 치나, 라는 노골적인 말이 나오기도 했다"고 말한다. (위의 인터뷰).

을 그린 영화라고 할 수 있다.

혜자가 진태를 범인으로 의심해 그의 집에 몰래 들어간 장면을 생각해
보자. 거기서 혜자는 커튼 뒤에 숨어 진태와 미나의 섹스 장면을 가까운
거리에서 목격하게 된다.[7] 이 장면은 근친상간의 모티브를 다룬 데이비드
린치의 <블루 벨벳>(1986)에서, 제프리가 옷장에 숨어 도로시와 프랭크
의 변태적 성관계를 목격하는 장면을 떠오르게 한다. 커튼도 <블루 벨벳>
의 타이틀 씬의 커튼과 어딘가 비슷하다. 혜자는 그곳에서 피 묻은(사실
은 빨간 립스틱) 골프채를 발견하고 비닐장갑을 씌워 살인의 증거로 제
시하는데, 마치 남성 성기에 콘돔을 씌운 것 같다.

혜자에 의해 살인범으로 몰릴 뻔한 진태는 한밤중에 혜자의 집을 찾아
온다. 진태는 도준의 방에서 웃통을 벗은 채 컴퓨터 게임을 하고 있는데,
그의 뒷모습을 만취 상태에서 보게 된 혜자는 도준으로 착각한다. 그런데
이 장면에서 혜자와 진태의 대사와 태도에는 납득하기 어려운 점이 있다.

6 주인공(탐정) 자신이 조사하고 있는 범죄에 자신이 알지 못하는 가운데 휩쓸려 들
   어간다는 사실에 근거해, 근친상간을 다룬 『오이디푸스 왕』을 누와르 장르의 원형
   으로 보기도 한다. (알렌카 주판치치, 『실재의 윤리』, 도서출판 b, 2004, 280쪽).
7 봉준호는 인터뷰에서 "모든 엄마에게 묻지 않았던 거겠지. 엄마와 섹스를 분리시
   키려고 했으니까. 그래서인지 진태와 미나의 섹스를 엄마가 커튼 뒤에서 지켜보는
   장면을 찍을 때는 묘한 쾌감이 느껴지기도 하더라. 가슴이 나오지 않았으면 15세
   관람가가 될 수도 있었는데. 거기서는 어느 정도의 적나라함, 노골성이 필요했다.
   결국 김혜자 선생님 본인이 섹스 씬을 찍는 것도 아닌데 목격만으로도 불경스럽고
   새롭게 느껴졌다. 우리는 무의식중에 엄마라는 존재를, 김혜자란 사람을 섹스와
   격리시키려고 애를 썼던 것 같다. 사실 아들은 결국 아빠랑 섹스를 통해서 나온 건
   데 말이지. 그게 상당한 아이러니라는 걸 보여주고 싶었다. 일부러 불편 하라고 만
   든 건 아니고 이런 충돌이 필요하다고 생각했다. 우리가 인정하고 싶지 않지만 분
   명히 존재하는 엄마의 모습과의 충돌"이라고 말한다. (『씨네21』, 앞의 인터뷰).

진태는 "섭섭하다"면서 "니가 나한테 이럴 수 있어"라고 반말로 소리를 지른다. 뿐만 아니라 위자료로 5백만 원까지 요구한다. 혜자는 "죽을죄를 지었다"며 쩔쩔맬 뿐 어떤 항변도 하지 않는다. 그래서 혜자와 진태 사이에 성관계가 있었을 것이라는 추측까지 하게 된다.[8] 또 다른 해석도 가능하다. 혜자는 반라의 진태를 대하자 자연스럽게 자신이 얼마 전 목격한 그의 섹스를 떠올리게 되었을 것이다. 게다가 그녀는 술에 취한 상태이다. 제프리가 엄마 같은 도로시에게 성적 욕망을 느끼게 되듯이, 그때 혜자는 아들 같은 진태에게 그런 욕망을 느꼈던 것일까? 엄마의 성적 욕망은 절대 드러나서는 안 되는 것이므로, 그녀는 그것을 감추기 위해 진태의 요구에 순순히 응할 수밖에 없다.

봉준호는 성적인 모티브를 도처에 깔아놓고 한국 사회에서 다루기 힘든 엄마의 성적 욕망과 근친상간의 모티브를 건드리면서도 관객이 그것을 분명하게 알아차리지 못하게 연출한다. 팬티 차림의 도준이 엄마의 가슴을 만지며 잠드는 장면을 아정의 시신 장면과 오버랩하면서, 관객의 시선을 같이 자는 모자에게서 끔찍한 죽음으로 돌려버린다. 혜자가 진태의 섹스를 목격하는 장면의 에로티시즘은 혜자가 진태 몰래 범죄의 증거를 찾아내는 아슬아슬한 상황의 서스펜스에 압도된다. 화면에는 계속 엄마의 금지된 욕망이 드러나고 있는데도 봉준호는 관객이 본 것을 오인하게 만든다.

8 봉준호는 인터뷰에서, "어떤 아주머니 관객들은 엄마랑 진태랑 한 두어 번 잔 거지? 라고 질문하기도 하더라. 컴퓨터 앞에 앉은 도준이 진태로 바뀌는 장면은 레이어 하나 이래로 가면 잘 수 없는 젊은 남자에서 잘 수 있는 젊은 남자로 바뀐다는 뜻이 될 수도 있다. 진태랑 미나가 섹스 하는 장면을 보고 온 이후라서 그 느낌이 더 강할 거다"라고 말한다. (위의 인터뷰).

뿐만 아니라 봉준호는 모성애에 내재한 광기를 언급하려고 하면서도 그것을 불투명하게 만들기 위해 혜자를 시작부터 미친 여자로 설정한다. 그런 다음 혜자의 히스테리는 억압된 성적 욕망과 광기 어린 모성애가 아니라 5살 난 아들을 생활고에 못 이겨 죽이려 했던 죄책감에서 비롯되었다고 설명한다. 그녀는 죄책감을 견뎌내기 위해, 아들을 더욱 더 사랑하면서(집착하면서) 어린아이처럼 살뜰하게 돌보는 것이다. 아들에게 세상에 좋다는 약재는 다 먹이고, 아정의 화장장에 찾아가 아들의 결백을 주장하고, 진범을 찾기 위해 온갖 악전고투를 다 겪어내고, 마침내 살인까지 하게 된다. 그것이 근친상간처럼 보이고, 광기어린 모성애 같다고 해도 어쩔 수 없다는 식이다. 여기에 김혜자의 강력한 스타 이미지와 모성애의 환상이 더해지면, 그 효과는 더욱 커진다. 관객은 엄마의 욕망을 보았지만 착각으로 치부하면서 안도할 수 있다.

〈마더〉 혜자는 기억을 지우고 춤을 추기 시작한다

영화의 마지막 장면에서, 도준은 관광을 가는 엄마를 배웅한다. 그는 불타버린 고물상 자리에서 주웠다면서 불에 그을린 흔적이 있는 침통을 건넨다. 그것은 혜자가 고물상 노인을 찾아갔을 때 떨어뜨린 것이다. "엄마가 이런 거 막 흘리고 다니면 어떡하냐"고 말하는 도준은 무엇을 알고 무엇을 모르는 것일까? 관광버스에 올라탄 혜자는 몸서리쳐지는 현실을 잊기 위해, '나쁜 일, 끔찍한 일, 가슴에 맺힌 일 등을 깨끗하게 풀어주는 침 자리', 혜자만이 알고 있는 허벅지의 그 '침 자리'에 침을 놓는다. 그런 다음 그녀는 일행들과 어울려 미친 듯이 춤을 추기 시작한다. 이제 혜자가 본 것, 도준이 본 것, 그리고 우리가 본 것은 모두 그 침과 그녀의 춤과 함께 지는 햇살 속으로 사라져갈 것이다.

5장
가족 욕망의 희비극
— <기생충>

서성희

<기생충> 포스터

한국 영화가 역사상 처음으로 아카데미 후보에 그것도 6개 부문에 후보로 올랐다. 사실 <기생충>에 기대했던 건 외국어영화상[1] 정도였다. 그러나 한국시간으로 2020년 2월 10일 오전 10시부터 생중계된 수상 결과는 많은 사람들의 예상을 깨고, 국제장편영화상을 포함해 각본상, 감독상, 작품상까지 들어 올리는 이변을 일으켰다. 봉준호 감독은 한국영화사 101년 만에 아카데미 4개 부문 수상이라는 벅찬 감동을 안겨주었다.

장르가 주는 욕망의 분절 : 변곡점

봉준호 감독 영화의 가장 중요한 특징 중 하나는 '변곡점'이다. <기생충>도 처음에는 장르 영화로 펼쳐지다가 변곡점을 지나는 순간 완전히 다른 이야기가 펼쳐진다. 이 영화에서 변곡점 이전은 서울 저지대에 사는 가난한 4인 가족이 고지대에 사는 동익(이선균)의 집에 전원 취업하는 이야기다. 영화 초반에 보여준 온 가족 전원 취업 과정은 케이퍼 무비[2] 장르 스타일로 전개된다. 일자리를 차지하기 위해 속이고 빼앗는 과정이 긴

---

1 2019년 91회 미국 아카데미 시상식(Academy Awards)까지 외국어영화상 (Foreign Language Film)이라는 이름으로 수여 하다가, 2020년 92회부터 국제장편영화상(International Feature Film)으로 이름이 바뀌었다.

장과 유머를 담고 경쾌하게 변곡점의 '상승'을 향해 달려간다.

　기택(송강호) 가족이 동익 가족을 속이고, 다른 사람을 모함해 일자
리를 차지하는 일은 다소 부도덕해 보인다. 그렇지만 가난으로 그들이 겪
은 불편과 모멸을 충분히 보여주었기에 경제적인 이윤을 위해 헝그리 정
신으로 똘똘 뭉친 가족 구성원의 다소 부도덕한 행동은 유머로 다가갈 수
있었다. 그리고 케이퍼 무비 장르 특성상, 관객은 기택 가족의 성공 신화
에 집중하도록 장치되어 있다.

〈기생충〉 가족 전원 취업 축하 파티

　기택 가족은 신분 상승의 욕망이 성공적으로 성취될 거라는 판타지에
취해 축하 파티를 벌인다. 기택 가족이 전원 취업이라는 성공을 넘어 동
익 가족과 혼인을 통해 신분 상승의 욕망을 꿈꾸는 순간 초인종이 울린
다. 바로 문광(이정은)이다. 문광이 누른 초인종 소리는 〈기생충〉의 변곡
점이[3] 된다. 초인종이 울린 후 기택 가족이 품었던 모든 욕망은 물거품이
되어 사라진다.

2　케이퍼 무비(Caper movie)는 범죄 영화의 하위 장르 중 하나로, 무언가를 강탈
　또는 절도 행위를 하는 모습과 과정을 상세히 보여주는 영화를 뜻한다.

〈기생충〉 변곡점이 된 문광의 초인종

기택 가족이 일자리를 차지하기 위해 속이고 빼앗는 과정을 장르적 쾌
감에 취해 지켜보다가 무심코 놓친 인물이 있다. 기택 가족이 취직하기
위해 꾸민 속임수로 하루아침에 일자리를 빼앗긴 피해자, 그중에서도 문
광이다. 문광은 동익이 살기 전부터 그 저택에서 가사도우미로 일하던 사
람이다. 변곡점 이전까지 영화는 기택 가족의 일자리 쟁탈을 위한 모험과
계략이 웃음을 주도록 장르를 차용했기 때문에 그녀는 그저 희화화된 희
생자에 불과했다. 영화는 관객이 한 가족의 계급 상승 욕망을 함께 추구
하고 즐기도록 장치된 장르적 관습에 따라 문광이 입은 피해에 관심을 쏟
지 않도록 만들어졌다. 하지만 변곡점 이후, 케이퍼 무비가 추구하던 욕
망이 순식간에 차단당하는 장르의 배신이 시작된다. 영화는 일자리에 관
한 제로섬 게임의 뇌관을 건드리며 예상치 못한 곳으로 '하강'한다.

계급 상승의 욕망이 실현되었다고 상상했던, 한발 더 나아가 다혜(정

3 변곡점(inflection point)은 곡선이 상승 전환하거나 하락 전환하는 방향으로 굴곡
이 바뀌는 중요한 지점을 말한다. 〈기생충〉의 변곡점은 영화의 중심 지점(총 상영
시간 2시간 12분 2초에서 1시간 2분 52초)에 있어 곡선은 종 모양을 그린다.

지소)와 혼맥으로 공고히 다지려던 계급 상승의 욕망은 한순간에 무너진다. 충숙(장혜진)의 표현대로 박사장네 가족이 갑자기 돌아오자 기택은 "바퀴벌레처럼 샤샤샥" 숨는다. 기택은 찍소리도 내지 못하고 자식들과 함께 테이블 밑에 숨어 있어야 하는 감당하기 힘든 모멸감에 눈을 감아버린다. 어두운 테이블 밑에 숨죽여 소파 위에서 동익 부부가 내뱉는 모멸에 가득 찬 대화와 쾌락으로 내지르는 괴성을 모두 듣고 있어야만 한다. 자신이 바퀴벌레 같은 존재라는 사실을 가장 잔인한 위치에서 깨닫는 순간이다.

그들이 존재해야 할 곳은 반지하였고, 결국 그곳으로 되돌아간다. 기택은 테이블 밑에 바퀴벌레처럼 웅크리고 있다가 반지하가 있는 하류 동네로 빗물을 따라 흘러 내려온다. 결국, 기택 가족의 성공 신화는 변곡점을 지나면서 물에 완전히 잠겨 이전보다 더 볼품없어진 하층으로 돌아오는 실패담으로 극적 전환한다.

영화는 등장인물이 욕망을 성취해 가는 목적론적 서사로 유머를 담아 경쾌하게 달리다가 변곡점을 지나면 출발점과는 완전히 다른 지점에 관객을 데려다 놓는다. 변곡점 이후 영화는 완전히 다른 영화로 변한다. 〈기생충〉이 무서운 이유가 바로 여기다. 잘 알고 있다고 생각했던 무언가가 완전히 돌변하면 더 섬뜩하고 무섭다. 봉준호 감독 영화의 가장 큰 특징은 바로 이 섬뜩함에 있다. 처음엔 장르 영화가 주는 판타지를 즐기며 재미있어하는 관객을 익숙한 장르를 미끼로 끌어들여서 완전히 다른 섬뜩하고 잔인한 현실 세계로 데려간다. 봉 감독의 영화는 케이퍼 무비의 경쾌함과 욕망의 성취감을 주는 장르 영화로 결코 마무리되지 않는다.

봉준호 감독의 영화는 늘 초반에는 장르 규범에 따라 관객을 유인한 뒤, 중앙에 위치한 변곡점을 지나는 순간 장르를 와락 무너뜨린다. 성취감을 줬다 뺏은 자리에서 장르 영화가 담아낼 수 없는 현실의 진실과 사회의 불합리함을 봉인시킨 장르 영화의 한계를 까발리며 자신이 진짜 하고 싶었던 이야기의 속내를 펼쳐놓는다. 봉준호 감독은 장르 영화감독인데, 늘 장르의 관습을 깨는 작업을 한다. 그래서 "봉준호는 마침내 하나의 장르가 되었다(Bong finally becomes a genre unto himself[4])."

음식이 드러내는 욕망

〈기생충〉의 변곡점은 반지하에서 벗어나 계급 상승의 욕망을 성취했다는 판타지에 도취돼 '양주' 파티를 벌이던 기택 가족에게 문광이 찾아오는 순간이다. 기택 가족의 계략으로 쫓겨난 문광의 돌연한 방문으로 오랫동안 감춰뒀던 지하실 비밀의 문이 열린다. 계획이 착착 들어맞는 변곡점 이전과 달리 변곡점 이후는 무계획의 난장판이 된 아수라장을 수습하는 장면으로 이어지며 상층 계급의 저택에서 일어난 비극으로 치닫는다. 그때부터 봉준호 감독은 진짜 하고 싶었던 이야기를 시작한다.

영화 개봉 초기에는 문광의 재등장이 스포일러였지만, 지금은 대부분 알고 있는 문광이 다시 찾아온 이유는 남편 근세(박명훈)를 구하기 위해서다. 결국 〈기생충〉 영화의 핵심은 기택과 동익 두 가족이 아니라 문광 가족까지 모두 세 가족에 관한 이야기라는 점이다. 근세는 기택과 마찬

---

4 David Ehrlich, "'Parasite' Review: Bong Joon Ho Delivers a Brilliant and Devastating Electric Shock of Economic Anxiety", IndieWire, 2019-5-21.

가지로 '대만 카스텔라' 사업이 망하고 무일푼이 되어 수년간 아내인 문광이 일하는 저택의 지하 피난처에서 기생하며 살고 있다. 반지하에 살던 기택 가족은 지상으로 올라갈 수 있다는 희망으로 부풀어있었다. 하지만, 근세가 살던 지하를 확인하고 추락의 공포와 함께 지금 자리라도 지켜내야 한다는 비장함으로 필사적으로 싸우게 된다. 이 영화는 두 가족이 아닌 세 가족 이야기를 '짜파구리'에 비유한다. 짜파구리는 값싼 라면의 종류인 '짜파게티'와 '너구리'로 대변되는 빈곤층 두 가족과 '한우 채끝살'로 대변되는 상류층이 한 접시에 담긴 것으로 비유된 한 지붕 세 가족의 공존을 의미한다.

변곡점에 이르기 전까지 기택 가족은 상층 계급인 동익 가족과의 접점을 향한 욕망으로 부풀어 있다. 기택 가족은 박사장 가족을 통해 모두 취업하게 되자 한 단계 올라섰다는 욕망 실현의 기쁨에 취해 양주로 축하파티를 벌였다. 이 영화에 나오는 '술'은 사회 계급처럼 순위가 매겨져 있다. 맥주는 노동자 계급을 상징하는 술로 기택 가족은 처음엔 싼 맥주를 마시다가 점차 비싼 맥주를 마시게 된다. 그러다 동익의 집에 전원 취업하는데 성공하자 어느 정도 계층 상승의 욕망이 실현된 것을 자축하는 파티에서는 맥주가 아닌 양주가 등장한다.

더 나아가 기우(최우식)와 다혜가 결혼을 한다면 동익 가족과 동등한 계급으로 성큼 올라설 수 있을 거라는 욕망의 판타지에 젖게 된다. 그러다 문광의 등장으로 지하 문이 열리면서 기택 가족은 자신들이 상대해야 할 가족은 동익이 아닌 근세 가족이라는 사실을 온몸으로 깨닫게 된다. 자본주의 시스템에서 기택은 근세와 동일한 위치에 있다. 두 사람 모두 자영업을 하다 실패한 후 반지하와 지하에 살고 있다. 한국 사회에서 치

킨집과 대만 카스텔라 같은 프랜차이즈 형태의 사업에서 두 번 연속 실패하면 완전히 나락으로 떨어질 수 있다는 현실을 보여주는 상징적인 가정이다.

〈기생충〉 복숭아를 든 기정

기택 가족은 지하로 떨어지지 않으려고 기를 쓰고 싸운다. 일자리를 두고 벌이는 그들의 싸움에서 사용된 '복숭아'는 노력으로 안 되는 상황은 인간의 원초적인 약점을 잡아서라도 빼앗으려는 잔인함을 표현한다. 그 잔인함은 이후 충숙이 지상으로 필사적으로 올라오려는 문광을 뒷발로 차서 다시 아래로 떨어뜨리는 행동과 일맥상통한다.

'피자'는 대개 균등하게 나누어져 제공된다. 그래서 하층민에게 공정한 배분의 중요성을 강조하는 음식으로 인식되어 왔다. 이 영화에서는 피자가 공정한 배분이라는 의미와 함께 피자 상자를 선에 맞춰 접어야 하는 사회적 요구를 중의적으로 보여준다. 영화 초반에 기택 가족은 피자 박스를 선에 맞춰 접는 아르바이트도 제대로 수행하지 못해서 10퍼센트의 패널티를 받은 적이 있다.

'갈비찜'은 동익이 문광을 기억하며 떠올리는 음식이다. 상층계급인 동익에게 하층계급인 문광은 인간적으로 어떤 사람인지 중요하지 않다. 그저 무엇을 잘하는가 하는 기능과 노동력의 질이 중요하다. 결국 동익이 그리워한 건 문광이라는 사람이 아니라, 갈비찜을 해내는 기능이다. 동익의 회사 이름이 '어나더 브릭(Another brick)'인 이유이기도 하다. "아줌마는 뭐 째고 썼는데"라는 동익의 대사에서도 알 수 있듯이 동익은 하층계급 사람을 하나의 벽돌로 인식한다. 동익에게 벽돌은 언제라도 '또 다른 벽돌'로 갈아 끼우면 되는 대처 가능한 존재다. 벽돌은 개성이나 고유성보다는 기능이 중요하다. 동익에게 문광은 충숙으로 대처되어도 아무 문제가 없는 존재다. 기능만 있다면 그 자리에 누가 와도 상관없다는 동익의 생각은 '그 자리를 주는 건 나'라는 계급적 오만함을 가능하게 한다.

욕망을 실현하려는 계획이 허락되지 않는 계급

갑자기 비가 오지만 않았다면, 혹은 기택과 근세가 어떤 계획을 세웠다면 서로 화해할 수도 있지 않았을까. 그러나 기택 가족과 근세 가족에게는 계획이 허락되지 않았다. 장르의 규범이 요구하는 인간은 계획을 세우는 자들이다. 장르 속 주인공은 어떤 상황 속에서도 계획을 세우고 실행하는 인간들이다. 그러나 현실 속 계획이란, 미래가 예측 가능한 사람들이 세우는 것이기에 한 치 앞의 미래도 볼 수 없는 기택 가족은 계획을 세울 수 없다. 계획을 세웠다하더라도 계획대로 되지도 않는다. 계획이 계획대로 되지 않고 모두 무너져버렸을 때, 이들 가족에겐 무계획만이 계획으로 남아 있다.

기택은 무엇인가를 해야 한다는 건 알지만, 어떻게 해야 하는지 모른다. 이 점은 영화를 보는 관객도 마찬가지다. 우리는 기우가 돈을 벌어 동익의 저택을 사겠다는 계획을 듣는 순간 그것이 허황된 망상에 지나지 않는다는 걸 안다. 기택과 마찬가지로 기우에게도 목표가 있는데, 문제는 구체적인 계획이 없다. '무계획'이다. 기우는 이 상황에서 무엇을 어떻게 해야 하는지 모른다. 관객도 기택과 기우처럼 쉽게 계획이 서지 않는 상황에 무력할 뿐이다.

영화라는 허구 속에서 가난한 사람이 부유한 사람들의 횡포에 맞서 저항하는 모습을 지켜보는 일보다, 우리가 기우처럼 계획을 세울 수 없는 힘없는 존재라는 점을 자각하는 일이 더 뼈아픈 현실로 느껴진다. 욕망의 판타지에서 깨어난 기우는 끝없이 웃는다. 현실이 거대한 농담이나 코미디 같기 때문이다. 기우가 퇴원해서 집으로 돌아오는 버스 맨 뒷좌석에 멍하니 앉아 있는 모습은 부르주아적 무기력과는 또 다른 하층계급의 무력감이 느껴진다.

계단과 계급

이 영화에서 계급을 상징적으로 드러내는 장치는 계단이다. 기택이 자식들과 함께 계단 아래로 끝없이 내려오는 장면은 미학적으로도 뛰어나고 주제적으로도 처연한 감정을 자아내는 명장면이다. 봉준호 감독도 인터뷰에서 얘기했듯이 이 영화는 계급에 관한 이야기로 수직적 구조가 영화 구석구석에 치밀하게 들어가 있다. 〈설국열차〉(2013)가 수평으로 펼

쳐 놓은 계급 구조라면 〈기생충〉은 수직으로 세워 놓은 계급 구조로 이야
기한다.

〈기생충〉 계단 아래로 끝없이 내려오는 장면

〈설국열차〉에서 좀 더 높은 계급으로 올라서기 위해 앞 칸으로 앞 칸
으로 전진하듯, 〈기생충〉에서 기택 가족은 위로 올라가고 싶어 한다. 하
지만 오히려 더 내리막길을 걷게 된다. 이를 이미지로 보여주는 것이 계
단이며 그곳은 반지하에서 지하로 연결되어 있다. 반지하는 기택 가족이
사는 곳이며, 이들의 계급을 보여준다. 기택 가족이 남궁현자 선생이 지
었다는 으리으리한 동익의 저택으로 가기 위해서는 언제나 위를 향해 걸
어야 하고, 카메라 역시 수평 구도가 아닌 아래에서 위를 바라보게 촬영
되어 있다.

동익이 죽은 이유는 인간에 대한 예의가 없는 상층 계급을 대표하는
인물이기 때문이다. 기택이 동익을 죽인 이유는 자신이 받은 개인적인 모
멸감 때문만은 아니다. 개인적인 모멸감 때문이었다면 테이블 밑에서 능
욕의 언어를 자식들과 함께 들었을 때가 더 정확한 타이밍이었는지 모른
다. 기택에게 모멸감이 조금씩 쌓이고 있었지만, 모든 모멸이 살해로 연

결되는 건 아니다. 기택은 자신의 딸 기정(박소담)을 찌른 근세가 아니라 동익의 심장을 찔렀다. 동익의 심장을 찌른 그 순간은 같은 계급인 근세가 상층계급인 동익에게 냄새로 인간적인 모욕을 당하는 순간이다. 이는 기택이 인간적인 예의를 지키지 않는 상층계급을 하층계급의 이름으로 처단하는 순간이다. 특정한 사람이 나빠서 죽이는 게 아니라 명확한 계급적 살인, 비극적이지만 계급적인 연대가 이뤄진 순간이다.

폭발적인 역류의 순간으로 졸지에 그의 살인은 계급적 저항으로 격상된다. 하지만 진짜 비극은 기택에게 계급에 대한 각성이 일어난 후 이들은 또다시 욕망이 없는 상태로 되돌아간다는 사실이다. 햇살 쨍한 생일잔치 이전에 모든 욕망을 차단한 근세가 동익의 사진을 보며 '리스펙트!'를 외쳤듯이, 기택도 지하 공간으로 들어가 동익의 사진을 보며 사과의 눈물을 흘린다. 기택은 무계획으로 계급적 연대를 이루었지만, 무계획의 한계로 지하로 향한 계단을 스스로 걸어 내려가 기존 구조에 자신을 가두며 근세를 답습한다. 벽돌에서 짱돌이 되었다가 무계획이었던 짱돌은 다시 벽돌이 되어 스스로 들어가 박히는 과정은 절망스럽다.

계급의 냄새

계급 갈등을 극적으로 드러내는 장치는 냄새다. 기택과 그의 가족은 동익의 집에 한 명씩 들어오면서 점차 신분이 상승했다고 느낀다. 기택의 가족은 능수능란하게 사기를 치며 상류층 분위기를 낸다. 이들은 하층계급에서 온 걸 잘 숨긴 것 같지만, 감출 수 없는 게 하나 있다. 바로 냄새다. 정작 기택 가족 자신들은 느낄 수 없었지만 동익 가족에게는 느껴지는 그 이상한 냄새. 동익은 기택에게서 나는 특유의 냄새를 오래된 무말랭이와 행주 삶을 때 나는 냄새로 설명하다가 "지하철 타는 놈들 특유의 냄새"라고 말한다. 어떻게 그 냄새를 없앨 수 있는지 고민하는 기택에게 기정은 반지하에서 나가는 수밖에 없다고 말한다. 다시 말해 냄새를 없애는 방법은 계급 이동 밖에 없다.

〈기생충〉 냄새가 나지 않게 햇볕을 많이 받을 수 있는 높은 곳에 매달아 둔 양말 빨래

봉준호 감독의 영화는 너무나 서늘한 시선으로 잔인한 느낌마저 든다. 일반적으로 계급이 싸우면 상층계급과 하층계급으로 나뉜다. 그런데 봉 감독의 영화는 상층 계급과 하층 계급이 싸우는 게 아니라 같은 계급인 하층 계급끼리의 싸움을 주로 그린다. 기택 가족이 투쟁하는 계급은 상층 계급인 동익 가족이 아니라 같은 계급인 근세 가족과 서로를 제거하려고 사투를 벌인다. 반지하에 사는 사람들은 '우리는 너희와 달라'라고 생각한다. 문광이 "언니 우린 같은 불우 이웃, 불우 이웃끼리 우리 이러지 말자"라고 하는데, 충숙은 '나는 너와 계급이 달라'라는 뜻으로 "난 불우 이웃 아니야."라고 잘라 말한다.

자신에게 지하철 타는 놈들 특유의 냄새가 나는지 모르는 수많은 사람들은 자신이 속한 계급을 잘 모르는 사람들이다. 이 영화의 원제목이었던 '데칼코마니'라는 회화 기법처럼 기택 가족과 근세 가족은 대칭되게 찍어낸 듯 동일한 계층이다. 기택 가족은 아니라고 단호하게 잘라 말했지만 상층 계급 사람에게 반지하와 지하는 같은 계층의 사람이다. 반지하건 지하건 지하철 타는 그들에겐 모두 하층계급의 냄새가 난다.

연교(조여정)는 지하철을 타본 지 오래돼서 그 냄새조차 기억하지 못한다. 그러나 하층계급과 접촉해 본 적 없는 동익의 아들 다송(정현준)은 기택과 충숙의 냄새가 똑같고, 제시카 선생님(기정)도 비슷한 냄새가 난다고 말한다. 다송은 냄새에 가치 판단을 하지 않았지만, 동익은 그 냄새가 하층계급의 냄새라는 가치 판단을 통해 사람을 경멸한다. 동익은 근세의 몸에 깔린 자동차 열쇠를 끄집어내면서 썩은 벌레를 만지듯 코를 막는다. 상층계급이 하층계급에 가지는 극도의 경멸감을 냄새로 드러내 보인다. 기택은 인간에 대한 최소한의 예의도 지키지 않는 상층계급인 동익의 태도를 처단하듯 칼을 들어 동익의 심장에 내리꽂는다.

계급의 선

계급 상승의 욕망은 계급의 선을 넘어야 한다. 그러나 동익은 선을 넘는 사람을 제일 싫어한다고 말한다. 각자의 위치에서 벗어나지 않고 자기 주제를 알고 자기 선만 지키고 살면 괜찮다고 말한다. 동익의 시선으로 보면 기택은 "선을 넘을 듯 말 듯 하면서도 결국엔 절대 선을 안 넘는" 인물이다. 기택 가족은 지하에 사는 근세 가족과도 선명하게 선을 그으려

한다. 그러나 지하로 내려가는 수평으로 여닫는 진열장을 밀고 당기는 장면에서 같은 계급인 두 가족이 힘을 합쳐야 한다는 사실을 보여준다.

〈기생충〉은 상층과 하층을 가르는 선에 관한 이야기다. 그러나 냄새와 함께 봉준호 감독은 선을 넘는다. 먼저 물리적 요소는 선을 선명하게 그어 통제가 가능하지만, 냄새라는 화학적 요소는 선을 선명하게 그어 자기 자리를 유지하기 힘들다. 그래서 냄새는 선을 수시로 넘는다.

냄새와 함께 봉준호 감독도 선을 넘는다. 전 세계에서 영화를 가장 잘 만드는 감독이라는 건 인정하겠지만, 상업영화감독으로서 영화를 만드는 태도는 여전히 놀랍다. 두려움이 없는 감독이다. 냄새 이야기를 하면서 그 냄새는 지하철 타는 놈들 특유의 냄새라고 말하는 순간 전 국민의 대부분이 해당되고, 대부분의 관객은 냄새나는 놈들로 지목되어 불편한 감정을 느끼게 된다. 심지어 영화 제목에 드러내놓고 지하철 타는 놈들 특유의 냄새가 나는 사람을 '기생충'이라고 말한다. 상업영화감독이 관객들에게 거부감을 느끼게 하거나 불편하게 만드는 건 흥행에 위험요소로 작용한다. 그러나 봉 감독은 주춤거림이 없다. 바로 불편한 그 지점에서 관객을 사유로 이끌기 때문이다.

결국 기택은 지하에서 살게 되고, 아들 기우는 열심히 돈을 벌어 그 집을 사겠다고 말한다. 얼떨결에 상층 계급인 동익의 가슴에 칼을 꽂은 기택은 지하에 유배되고, 카메라가 밑으로 천천히 내려오면 돈을 벌어 그 저택을 사겠다고 말하는 기우는 여전히 반지하에 사는 모습으로 영화는 끝이 난다. 우리는 잘 알고 있다. 기우가 서울 한복판에 그 정도의 저택을 살 돈을 모은다는 것은 사실상 불가능하다는 것을. 실제로 봉 감독은 집 값의 변동이 없다고 가정했을 때, "기우가 임금을 꼬박 모아 그 집을 사는

데 547년이 걸린다"고 했다. 웬만해서는 기우가 그 집을 사는 건 불가능하다. 이 영화는 아무런 꿈도 희망도 없고, 기우가 그 집을 사겠다고 말하는 모습이 오히려 더 끔찍하게 느껴진다. 기우가 도대체 무슨 일을 해야그 집을 살 수 있는 건가? 절대 실패하지 않는 계획, 무계획밖에 없다.

〈기생충〉 유리창 경계선 양쪽으로 갈라 서 있는 하층계급과 상층계급

봉준호 감독은 더 잔인해졌다. 〈설국열차〉는 그래도 앞으로 전진 하는에너지가 느껴졌었다. 계급을 뒤흔들 수 있다는 메시지와 희망이 있었다.〈기생충〉은 아무런 희망도 보이지 않는다. 기택 가족 중에서 현실적으로계급의 계단을 올라 계급의 선을 넘을 수 있을 것 같았던 기정이마저 계급 상승의 욕망이 거세된 근세가 죽여 버렸다. 봉 감독은 결국 계급 상승이나 계급 역전의 욕망은 이루어질 수 없다는 사실을 자신이 상상할 수있는 가장 잔인하고 참혹한 방식으로 모두의 욕망을 무너뜨린 자리에서사유하게 한다.

계층 이동의 욕망을 잔혹 판타지로 만든 우화

〈기생충〉의 폭발력은 주위 어딘가에서 벌어지고 있을 것 같은 현실적인 이야기에서 비롯된다. 씁쓸함을 남기는 봉준호 표 블랙코미디에 대해서 감독은 "달콤하게 포장하기보다는 현 사회가 가진 쓰라린 면을 피하지 않고 정면 돌파하려"[5] 한다고 밝힌 바 있다. 영화 〈기생충〉은 초반의 경쾌함과 달리 후반부에 4명이나 죽는 유혈극이자 동물에 대한 우화이다.

〈기생충〉 선에 맞춰 피자 상자를 접는 기택 가족에게 방역 가스가 살포된다

기택은 꼽등이[6] 혹은 바퀴벌레에 비유된다. 기택은 꼽등이를 잡기 위해 방역 가스를 집 안으로 들이지만 괴로워하는 건 꼽등이와 기택 가족이다. 근세 또한 네발로 기어 올라오는 벌레의 이미지로 등장한다. 연교와 동익은 문광이나 기택의 삶에 관해서는 관심이 없다. 그들은 문광이나 기

5 "봉준호 감독, 오스카 레이스 직접 겪어보니...", 『씨네21』, 2020-02-20.
6 꼽등이는 습기가 많고 어두운 곳에 서식하는 야행성 곤충이다. (출처 : 두산백과)

택이 한 명의 인간으로서 자신 앞에 존재하길 원치 않는다. 그들에겐 그저 요구된 기능이 수행된 상태만이 필요할 뿐이며, 공간의 주인이 아닌 자들은 살아남기 위해 벌레처럼 혹은 귀신처럼 보이지 않게 존재해야 한다.

기택 가족은 상층 계급이 요구하는 기능을 수행하는 일자리를 얻기 위해 하층 계급끼리 투쟁한다. 하층 계급이 들어갈 수 있는 일자리 수는 정해져 있기 때문에 그 자리를 차지하기 위해서는 하층 계급끼리의 싸움이 불가피하다는 '자본주의적 믿음' 때문이다. 이 사회는 기택 가족에게 자신들이 원하는 일자리에 앉아 있는 다른 하층계급 사람들은 자신의 취업을 위해 물러나 줘야 할 선점자이자 적이라는 생각을 하게 한다. 이런 사고에 기초해 있기 때문에 문광이 "같이 일하는 사람끼리" 또는 "같은 불우이웃끼리"라고 말하며 계급적 연대를 요청했지만, 충숙은 단호하게 거절한다.

같은 계급끼리 투쟁하고 싸우는 모습은 씁쓸하고 불편하다. 계급 상승의 욕망에 관한 영화라면 하층 계급인 기택은 상층 계급인 동익과 싸워야 한다. 그러나 기택 가족이 싸우는 대상은 같은 하층 계급인 근세 가족이다. 기택 가족은 문광의 일자리를 빼앗고, 근세의 자리마저 빼앗는다. 이 영화에서 그 누구도 시스템과 싸울 생각은 하지 않는다. 이미 견고화된 계급 체계에 조금의 해도 가할 엄두조차 내지 못한다는 절망감이 엄습한다.

그런데 아이러니하게도 이것이 봉준호 감독의 영화 전략이다. "보고 나서 오만 생각이 다 드는 영화였으면 좋겠다."라는 감독의 말처럼 극장 문을 나서는 순간 오만 생각이 다 든다. "같이 사는 것의 어려움"에 관한 영화라는 감독의 말처럼 영화는 현실의 잔인한 단면을 자신이 아는 가장 잔인한 방법으로 보여줌으로써, 관객이 극장 문을 나서면서 기생이 아닌 '공생과 상생'의 가능성에 대한 고민을 안고 집으로 돌아가게 한다.

예술작품이 위대한 이유는 작품을 통해 세계(영화)와 소통하고 공감할 수 있기 때문이다. 이 영화가 위대한 건 한두 사람이 아니라 수많은 세계인이 극장 문을 나서면서 오만 생각이 다 들게 했기 때문이다. 〈기생충〉은 계급 상승의 욕망 실현에 관한 영화가 아니다. 그렇게 시작은 했지만, 계급 상승의 사다리가 끊어져 더 견고해지는 계급 세습과 결국 그로 인한 "빈부 문제, 그리고 그것과 관련된 인간에 관한 예의가 바로 〈기생충〉의 테마다. 이는 20세기와 21세기를 관통할 수 있는 지속적인 테마"이자 세계적인 문제이기도 하다. 인간이 기생이 아닌 공생과 상생의 삶을 살기 위한 잔인한 각성의 순간과 치열한 고민은 계속되어야 한다.

6장
나는 내게 설레고 싶다
— <레볼루셔너리 로드>,
<우리도 사랑일까?>, <결혼이야기>

최재훈

결혼을 하면 미래와 더 가까워질 것 같지만, 사실 각자 과거의 시간과 더 친밀해지는 순간이 많아진다. 미래가 뚜렷하게 보이지 않는 시간이 이어지다 보면 마음이 자꾸 쿵, 과거라는 중력에 이끌려 떨어지기 때문이다. 한때는 모든 것을 포기해도 좋을 만큼, 상대방이 세상 전부인 것 같았던 시간은 희미해지고, 나를 생각하는 시간이 많아진다. 저 사람이 없었다면 달라졌을 내 시간, 그 시간의 온전한 주인이었을 나 자신을 자꾸 되짚다 보면 시간을 되돌리고 싶어진다. 그리고 그 시간 속, 설레었던 나 자신을 다시 사랑하고 싶어진다.

1. 권태가 마음에게 길을 묻다_〈레볼루셔너리 로드〉

사랑 앞에서는 죽음도 두려워하지 않는 낭만적 커플이 있었다. 죽어가는 순간에도 나보다 상대방의 목숨이 우선이다. 그들의 사랑은 절대적이다. 죽음 외에는 갈라설 방법이 없고, 신분도 시련도 그 어떤 것도 사랑보다 우위에 서는 것은 없다. 지금도 여전히 낭만적 사랑의 교과서처럼 여겨지는 〈타이타닉〉은 그렇게 소녀적 감수성을 끌어안은 블록버스터였고, 그들의 비극적인 사랑은 작품성과 상관없이 전 세계 연인들의 마음을 끌어안았다. 그렇게 익숙하지만, 또 언제나 유효한 사랑에 대한 낭만적인 꿈은 어린 시절 동화 같은 사랑을 꿈꿔오던 사람들이 그 믿음에 대한 배반을 겪고서도 여전히 믿어보고 싶은 생명력이 긴 바람이다. 비루한 현실을 딛고 언젠가 자신의 삶에도 등불처럼 무언가 반짝이는 것이 찾아올 거라는 작고 끈질긴 믿음처럼 말이다.

〈레볼루셔너리 로드〉 스틸컷

1) 그와 그녀, 당신도 아는 이야기

〈레볼루셔너리 로드〉는 〈타이타닉〉의 커플이 살아남았을 때, 그 후일담과 같은 이야기다. 다시 말하자면 동화의 해피엔딩, 그 이후의 이야기를 담아내고 있다. 정말 그들은 행복하게 영원히 살 수 있을까? 그들은 절실하게 사랑했고, 죽음도 신분도 약혼자도 모두 버리고 사랑을 선택했지만, 그 이후 둘에게 다가올 일상은 직면해야 할 현실이다. 우리는 좌절된 꿈과, 지루한 현실, 서서히 식어가는 관심마저도 끌어안으며 상대방을 여전히 사랑할 수 있을까?

영화는 불꽃처럼 서로에게 끌리는 찰나의 순간을 넘어, 순식간에 서로에게 싫증 나고 인생에 염증을 느끼는 두 사람의 현재로 뛰어 들어온다. 아버지와 똑같은 삶을 저주하던 남자는 아버지와 똑같은 길을 걷고, 연기자로서의 삶을 꿈꾸던 여자는 현실에 주저앉았다. 더욱이 그녀에겐 배우로서 성공할 재능이 없다는 것이다.

카메라는 억지로 예의 바른 체하는 두 사람의 침묵 사이를 부유하다가 영화가 시작된 지 10여 분 만에 둘 사이의 돌이킬 수 없는 갈등을 날 것 그대로 드러낸다. 둘의 싸움은 적나라하고 칼날이 서 있으며, 권태로운 삶에 대한 두 사람의 증오를 드러낸다. 영화 속 두 남녀는 맑아 보이지만 수많은 부유물이 바닥에 깔린 중산층 가정의 위선적인 삶을 대변한다. 조금만 흔들어 놓으면 금세 다시 부옇게 흐려지고 마는 주인공의 삶은 약간의 자극만 주어져도 끊어질 것처럼 날을 세운 우울증과 그것을 잊기 위해 서로의 감정을 숨기는 사이 축 늘어지고야 마는 권태 사이를 오간다.

2) 그대, 아직도 꿈꾸고 있는가?

영화는 매끄럽게 1950년대 미국 중산층 부부의 꿈과 희망, 결혼생활의 현실과 그 괴리에서 오는 좌절과 고통을 그려낸다. 희망 없는 삶을 벗어나고자 하는 두 부부는 탈출구를 꿈꾼다. 감히 자신의 삶에는 희망이 없다고 말할 용기를 갖지 못한 현대인에게, 실패가 두려워 그저 그런 삶을 감내하는 현대인에게 감독은 질문을 던진다. 당신은 도망치고 싶지 않은가? 여전히 꿈이 있는가? 하지만, 그 결과는 희망적이지 않다. 물론 찰나의 도발이 있다. 그들은 꿈꾸고, 도망가고 자신의 삶을 보다 화려하고 그럴듯한 것으로 만들어보려고 한다.

영화의 제목처럼 프랭크와 에이프릴은 평범한 일상 속을 휘감은 혁명의 길을 걸어보려고 하지만 사람들에게 무시당한다. 그렇게 남들과 다르지 않아 보이지만 남들보다 나은 삶을 과시하거나, 자신의 삶이 여기서 무너지지 않으리라 확인하고 싶은 두 사람은 모든 것을 정리하고 파리로 떠나고자 한다. 하지만 그것도 잠시, 둘은 벼랑 끝에 선 것처럼 위태롭게 서서 금방이라도 끊어질 것 같은 팽팽한 신경 줄로 줄다리기를 하고야 만다.

영화는 숨통을 죄는 듯한 침묵의 순간을 포착해 낸다. 끔찍할 만큼 잔인한 방식으로 침묵은 사람과 사람 사이에 상처를 준다. 샘 멘데스 감독의 질문은 이 침묵 사이에 있다. 뚜렷한 가해자는 없지만, 늘 자신이 피해자라고 생각하는 사람들 사이로 침묵이 말을 건다. 당신의 꿈은 무엇인가? 그 꿈을 포기했는가? 아니면 꿈을 지키기 위해 노력을 했는가? 결혼과 현실, 꿈과 현실은 양립되는가, 모두를 만족시킬 수 있는가?

이 모든 질문은 관객 개개인의 삶을 반추하게 만들고, 흩어진 질문들은 차곡차곡 마음이 되어 쌓인다. 보통 이런 질문들은 켜켜이 쌓여 상처받은 우리들을 위로하지만, 〈레볼루셔너리 로드〉가 전하는 이야기는 위안이 아닌, 삶의 각성이다. 그렇게 권태는 마음에게 길을 묻는다. 그리고 답은 늘 침묵 사이에 있다.

2. 낡고 해진 사랑, 그럼에도 다시 삶
- 〈우리도 사랑일까〉

괜찮다고 생각한다. 이만하면 됐다고 믿는다. 적당히 웃고, 적당히 사랑하고, 적당히 사랑받고, 적당한 사람들과 그만하면, 이만하면 된 거라고 살아간다. 자매 같은 시누이와 오빠 같은 남편, 웃음을 나누는 동네 친구와 괜찮다고, 남들도 다 그렇게 사는 거라고 살아간다. 그러다 문득 그리워진다. 내가 처음 사랑했던 날씨, 그날의 감정, 그리고 그날의 냄새, 내

살갗에 닿았던 바람의 향기, 그리고 그 설레었던 나 자신을 다시 사랑하고 싶어진다.

〈우리도 사랑일까〉 스틸컷

1) 낡은 사랑의 거리

사라 폴리 감독의 '우리도 사랑일까 Take this Waltz'는 같은 공간과 같은 시간 속에 있지만, 각자 다른 기억과 감정을 가진 사람들의 이야기다. 한때는 서로가 세상의 모든 것 같았던 뜨거운 사랑이 지나고 새로운 사랑을 만났을 때, 자신의 감정을 저울질하느라 자신의 진심이 뭔지 들여다볼 충분한 시간을 가지지 못하는 쓸쓸한 여성의 이야기이기도 하다.

결혼 5년 차 프리랜서 작가 마고(미셸 윌리엄스)는 요리책을 쓰는 다정한 남편 루(세스 로건)와 행복(해 보이는)한 결혼생활을 하고 있다. 일로 떠난 여행길에서 만난 대니얼(루크 커비)에게 호감을 느끼게 되는데, 알고 보니 그 남자 앞집에 사는 이웃 주민이다. 만날 기회와 시간은 많아

졌고, 감정을 숨길 시간과 기회는 점점 줄어든 셈이다. 사라 폴리 감독은 섬세한 시선으로 마고의 감정을 뒤흔드는 감정의 격랑을 바라보고 쓰다듬는다.

흔히 앞뒤 가리지 않는 격정적 사랑을 기대하지만, 마고와 대니얼의 사랑은 더디게 진행된다. 마고는 마음이 흔들리는 순간, 루에게 자신을 잡아달라는 신호를 보내지만 루는 변하지 않는다. 루는 장난스럽게 자신의 사랑을 전하고, 마고는 그가 조금 더 진지하길 바란다. 대니얼에게 육체적으로 끌리지만, 마고는 루를 놓치고 싶지 않아 주춤거린다. 그리고 다그치는 법 없이 그녀를 기다리던 대니얼이 지쳐 떠난 후에야, 그제야 마고는 루를 놓는다.

마지막 순간까지 죄의식과 후회 사이의 줄다리기를 하던 마고가 대니얼과 새로운 사랑을 시작하면, 영화는 새로운 이야기를 준비한다. 레너드 코헨의 'take this waltz'가 흐르는 동안 왈츠를 추는 것처럼 마고와 대니얼을 빙글빙글 돌아가는 카메라는 뜨거운 욕정의 순간과 사랑이 점점 낡아가는 순간을 순차적으로 보여준다. 보통의 영화라면 새로운 사랑을 찾아 떠나는 시점에서 또 다른 해피엔딩을 위장하며 끝을 맺겠지만, '우리도 사랑일까'는 뜨거웠지만, 다시 낡아가기 시작하는 사랑을 묵도한다.

2) 삶, 혼자 추는 왈츠

나를 치유하는 방법이 상대방의 따뜻한 심장이 아니라, 계속 되짚어가야 하는 나의 기억과 감정이란 사실은 공허하다. 각자 다른 기억과 바람은 빈틈이 되어, 삶의 공허함을 키워간다. 그리고 반짝인다고 생각하는 짧은 사랑의 기억은 뚝 멈춰서는 순간 현실을 각성하게 하는 놀이기구처럼 삶에 균열을 만든다. 같은 시간을 지나면 함께 있는 거라 생각하지만, 명쾌한 답이 없는 각자의 기억과 태도는 두 사람을 다시 갈라놓는다.

영화 속에서 마고가 저지른 것은 명백한 불륜이지만, 사라 폴리 감독은 그녀를 꾸짖지 않는다. 관객들도 갈팡질팡하는 그녀의 마음에 굳이 편을 들진 않더라도, 그 마음의 모서리 정도는 동의할 수 있게 되는데, 이는 미셸 윌리엄스의 내밀하고 섬세한 연기 덕이다. 세스 그린은 유머러스하지만 섬세하지 못한 루가 비난받거나, 동정받지 않도록 단단하게 중심을 끌고 간다. 그래서 관객들은 버려진 루가 일상을 묵묵히 살아내는 것으로 상처를 극복하는 시간을, 새로운 삶이 낡아가는 것을 묵묵히 견디는 마고의 시간을 함께 응시한다.

프롤로그에서 마고는 주방에서 요리하고 있는데, 남자는 실루엣으로 등장한다. 흐릿해서 누군지 알 수가 없다. 이 장면은 영화를 맺는 에필로그가 되어 영화를 동그랗게 말아 하나로 뭉친다. 영화의 끝, 마고는 남자의 뒤로 다가가 그를 껴안는다. 그 남자가 대니얼인지, 또 다른 남자인지, 어쩌면 과거의 루였는지 알 수가 없다. 마고는 남편인 루에게 늘 그랬던 것처럼 남자를 뒤에서 끌어안는다.

마고는 자신이 껴안았을 때, 자신을 바라보는 남자의 표정이 무서웠던 걸까? 그녀는 늘 뒤에서 남자를 안는다. 서로를 바라보지도, 같은 방향을 보지도 않는 백 허그는 그처럼 서로의 표정을 숨긴, 고독한 사랑 같다. 낡아가는 사랑을, 허물어지는 관계를, 달라진 상대의 마음을, 들여다보려 하지 않는 이런 마고의 사랑법은 어쩌면 혼자 추는 왈츠같이 쓸쓸하다. 그리고 마고의 마음처럼 우리도 빙글빙글 흔들린다.

3. 기억의 상실과 상실을 기억하는 방법에 대해
   - 〈결혼 이야기〉

사람들의 기억은 꽤 이기적이다. 같은 공간, 같은 시간 속에서 살고 있지만 각자 자기 방식대로 이해한 기억과 오롯한 자신의 감정만을 시간 속에 새긴다. 그래서 과거를 함께 되짚어가다가 당황하게 된다. 과거를 이해하는 서로 다른 마음을 들여다보는 일은 꽤나 힘든 일이다. 노아 바움백의 '결혼이야기'는 각자의 감정을 저울질하느라 상대에 대한 진심이 뭔지 들여다볼 충분한 시간을 가지지 못한 남자와 여자의 쓸쓸한 시간을 되짚는다.

〈결혼 이야기〉 스틸컷

1) 시간과 기억상실

뉴욕에서 촉망받는 연극 연출과 배우로 살아왔지만, 이혼을 결심한 후 아내 니콜(스칼렛 요한슨)은 LA에서 TV 시리즈로 복귀하고 남편 찰리(아담 드라이버)는 뉴욕에 남아 연극 연출가로 사는 생활을 이어간다. '결혼이야기'는 영화와 연극이라는 매체의 차이만큼 다른, LA와 뉴욕의 온도만큼이나 다른 여성과 남성, 그 생각이 다른 연출과 배우, 기억이 다른 아내와 남편을 관찰한다.

'결혼이야기'라는 제목으로 이혼의 과정을 보여주는 이 영화의 매력은 이러한 배반적 정서에 있다. 노아 바움백은 결혼과 이혼이 각자의 대척점이라고 보지 않는다. 이혼 역시 결혼이야기 속 일부이며, 이혼이 결혼의 종지부가 되는 것도 아니라고 이야기한다. 단절된 시간과 공간, 그 속의 아내와 남편의 이야기는 각자의 시간 속에서 흘러가고, 두 사람을 결별하지만, 또 완전히 헤어지지는 않는다.

노아 바움백은 한 지붕 아래, 같은 미래를 꿈꾸는 부부에서 각기 다른 하늘 아래 각자의 삶을 되찾으려는 남자와 여자를 바라본다. 그들의 이야기는 하나의 구심점을 두고 돌아가는 회전목마처럼 빙글빙글 돌면서 만나지 못한다.

이혼을 앞둔 부부의 이야기라 꽤 많은 회상이 끼어들 법도 한데, 노아 바움백은 가급적 감상과 추억의 감정을 배제하고 건조하고 담담하게 이들의 현재를 보여준다. 찰리를 따라 뉴욕에서 살던 니콜은 고향인 LA로 돌아와 원래 자신의 삶을 찾고, 뉴욕과 LA를 오가야 하는 찰리는 니콜이 겪었던 균열과 불안함을 끊임없이 현실 속에서 되짚어 겪는다.

사랑했던 기억은 사라졌고, 불안한 현재 속에 두 사람의 시간은 뉴욕과 LA의 거리와 날씨만큼이나 다르게 흘러간다. 각자 다른 기억과 바람은 빈틈이 되어, 삶의 공허함을 키워간다. 그리고 사랑의 기억은 뚝 멈춰서는 순간 현실을 각성하게 하는 놀이기구처럼 삶에 균열을 만든다. 같은 시간을 지나고 공유하면 함께 있는 거라 생각하지만, 명쾌한 답이 없는 각자의 기억과 태도는 두 사람을 다시 갈라놓는다.

2) 거리, 상실의 기억

영화의 도입부, 컨설턴트는 이혼을 중재하기 위해 각자의 장점들을 기록하고 그것을 읽어보라고 말한다. 두 사람은 제법 서로를 아끼고 사랑하는 사이처럼 보인다. 하지만 각자의 이익을 챙겨야 하는 이혼 소송이 격해질수록 서로에 대한 태도는 달라진다. 소송에서 각자 유리한 결론을 얻기 위해서 가장 극악한 방법으로 서로의 단점과 자신의 불행을 끊임없이 나열해야 한다. 각자의 장점을 떠올리던 아내와 남편은 각자의 삶을 지키기 위해 현재의 상대방이 얼마나 자격이 없는 나쁜 사람인지를 계속 증명해야 한다.

하지만 패악에 가까운 다툼 사이에도 서로에 대한 애정과 그만큼의 배려는 쉽게 버려지는 것이 아니다. 미래를 나누며 함께 살아가고 싶을 만큼 사랑하지는 않지만, 가치 없는 사람으로 평가 절하할 만큼 서로를 미워하진 않는다. 어느 순간 어긋나버리긴 했지만, 상대방이 내 인생의 최악은 아니다. 한때 사랑했고, 한때 모든 것을 걸었고, 또 한때 서로가 서로에게 가장 필요한 사람이라 믿었다. 하지만 더 이상 함께 할 수 없는 시간에 대한 연민과 또 그만큼의 증오가 거미줄처럼 얽혀 있다.

남편이 자신보다 더 잘나간다고 생각하는 니콜은 영화배우로서의 자신의 커리어를 포기하고, 찰리의 영감을 자극하는 뮤즈가 된 자신을 되돌리고 싶어 한다. 반면 찰리는 니콜이 자신을 통해 그저 그런 영화배우에서 반짝이는 배우가 되었다고 믿는다. 착각과 오해 속에서 이별은 평행선이 되어 나란히 걷지 못하게 만든다. 사랑했던 기억을 잊어버리고, 상실을 기억하는 사람들의 이야기는 끝내 쓸쓸하다. 그럼에도 영화는 과거를 회상하지 않는다. 남녀의 이야기도 현재 속에서, 그 결혼이 끝나는 과정도 현재 속에서 바라본다.

가끔은 마음을 되돌리며, 서로를 잡아달라는 신호를 보내지만 두 사람의 마음은 끝내 변하지 않는다. 마지막 순간까지 아내와 남편은 이혼소송에서 유리한 결과를 얻기 위해 가장 비열한 방식으로 서로를 공격한다. 죄의식과 후회 사이의 줄다리기가 끝난 후 남은 것이 상처가 아니라 서로에 대한 연민과 이해라는 점은 그나마 다행이다.

각자의 기억이 달라 명쾌한 처방이 없는 상실의 아픔은 먹먹한 시간과 함께 스쳐 지나간다. '결혼이야기'는 최악의 말들을 내뱉은 후, 스스로 외면한 상대방의 마음을 서로 바라보며 각자의 시간을 화해시킨다. 결혼 생활이 끝났지만, 그 관계는 끝나지 않은 현재를 보여주는 것으로 영화는 미래를 남겨둔다.

이혼한 뒤, 자식을 함께 양육하는 방식을 통해 니콜과 찰리는 새로운 가족의 형태로 서로의 만남을 이어간다. 그리고 아이를 안고 있는 과거의 남편을 위해 풀린 운동화 끈 정도는 묶어줄 수 있는 사이가 되었다. 노아 바움백은 해피엔딩을 위장하는 흔한 방식 대신, 각자의 시간을 따라 두 갈래로 나뉜 두 개의 삶이 그래도 이어지는 현재를 응원한다. 사랑을 잊고, 상실의 기억을 가지고 살아가는 사람들에게 그보다 더한 위안은 없을 듯하다.

제3부

공포, 복수 그리고 신과 자본의 욕망

7장
욕망이 공포가 된 미래 2019년
− <블레이드 러너>

송영애

1. 두 개의 〈블레이드 러너〉가 담아낸 각기 다른 미래

리들리 스콧 감독의 〈블레이드 러너〉는 버전이 여러 개다. 1982년 개봉 버전과 1992년 감독판 버전, 그리고 1992년 버전을 디지털 리마스터링한 2007년 파이널 컷 버전이 존재한다. 그중 1982년 버전과 1992년 버전은 각각 독립된 영화라 봐도 될 만큼 기본 설정부터 다르다. 그래서 두 버전이 구축해낸 미래도 다르다.

〈블레이드 러너〉 첫 장면, LA 야경

두 버전이 공통으로 담고 있는 미래 2019년은 불길하다. LA라고 하지만 태양과 바다는 보이지도 않고, 비만 내린다. 도심 골목은 지저분하고, 골목을 채운 사람들은 가난해 보인다. 인간은 인간이 만든 복제인간에게 위협도 받고 있다. 영화 기획 당시 제목처럼 '위험한 날들(Dangerous Days)'이 펼쳐지고 있는 듯하다.

불길해 보이는 미래는 인간 욕망이 만들어낸 결과로 추정된다. LA가 폐허가 된 원인이 핵전쟁 때문인지 환경파괴 때문인지 명확하게 드러나진 않지만, 결국 인간의 탐욕과 선택이 불러온 결과일 테니 말이다.

〈블레이드 러너〉 감독판 포스터 　　〈블레이드 러너〉 파이널 컷 포스터

1982년 버전 〈블레이드 러너〉는 모니터링 과정에서 지나치게 어렵고, 암울하다는 평가를 받자, 급하게 수정된 버전이다. 주인공의 내레이션이 덧입혀지고, 엔딩도 해피엔딩으로 바뀌었다. 주인공인 데커드는 블레이드 러너로서 반역을 저지른 복제인간들을 추격해 제거하던 중 복제인간 레이첼과 사랑에 빠진다. 레이첼도 제거 대상이지만, 데커드는 제거 대신 도피를 택하고 성공한다. 영화는 푸른 하늘과 초록 벌판을 차로 달리며 행복해하는 데커드와 레이철의 모습으로 끝난다. 영화 내내 펼쳐진 인간과 복제인간의 대결은 '종'을 초월한 '인간-복제인간의 사랑'으로 마무리된 셈이다.

1992년 버전에서는 영화 전체에 흐르던 데커드의 내레이션이 빠졌다. 유니콘이 숲속을 달리는 장면은 추가가 되는데, 데커드의 꿈이거나 이식

된 기억으로 추정된다. 아무래도 데커드는 복제인간을 좇는 것이 임무인 복제인간인 것 같다. 그렇게 되면 영화 내내 펼쳐진 대결은 복제인간끼리의 대결이고, 데커드-레이첼 커플도 복제인간 커플이 된다. 엔딩도 오픈 엔딩으로 바뀌어 데커드와 레이첼이 도피에 성공했는지는 알 길이 없다. 1992년 버전은 1982년 버전에 비해 많은 것이 모호해졌지만, 복제인간에 대한 연민은 더 강해졌고, 인간에 대한 회의는 더 커졌다. 도대체 미래에 인간은 무슨 짓을 한 걸까?

이 글은 1992년 버전의 〈블레이드 러너〉에서 발견되는 욕망을 다룬다. 더 정확하게는 '공포와 공존하는 욕망'이라 하겠다. 원하기에 두렵고, 바라기에 겁난다. 욕망은 종종 공포가 되어버리고, 이 영화에서도 마찬가지다.

영화 속 미래에서 발견되는 욕망과 공포는 상상만으로 체계화된 것이 아니다. 영화가 제작되고 수정된 영화 밖 1980~90년대 현재의 욕망과 공포를 기반으로 한다. 과연 당시의 욕망과 공포는 〈블레이드 러너〉에서 어떤 미래로 그려졌을까?

2. 복제인간의 욕망

〈블레이드 러너〉(1992)는 복제인간의 욕망에서 시작된다. 우주 식민지에서 인간 대신 위험한 일들을 수행하던 복제인간 로이, 크리스, 조라, 레온은 살인까지 하며 우주선을 탈취해 지구로 잠입했다. 이들을 지구로 이끈 욕망은 단순명료하다. 그들은 더 살고 싶다. 복제인간은 수명이 다하면 기능이 멈춘다. 그런데 자신의 수명이 얼마나 되는지는 알지 못한다. 곧 죽을 거라는 공포 속에서 사는 복제인간은 더 살 수 있는 방법을 찾아 자신들이 태어난/제작된 지구로 돌아왔다.

여기까지의 내용은 영화 초반에 자막과 대사로 처리됐다. (제작비 부족으로 촬영을 못 한 거라 알려지긴 했지만) 그래서 복제인간의 사활을 건 지구 잠입은 그저 범죄 행각 정도로 느껴진다. 발견되면 재판도 없이 그 자리에서 사살되는 복제인간의 처지와 어울리는 도입부이기도 하다. 여러 사람을 죽인 범죄자들이지만, 자막과 형사 반장의 설명으로 알게 된 정보라 실감이 잘 안 난다.

복제인간들은 자신들을 제작한 타이렐사를 무장하고 침입하는 대신, 복제인간 제작에 참여한 이들을 찾아다니는 정도다. 물론 그들에게서 원하는 답을 얻지 못하면 살해해버리지만, 조직적이고 전문적인 행동으로 보이진 않는다.

리더격인 로이는 드디어 복제인간 제작의 총책임자인 타이렐 회장을 만나게 된다. 타이렐은 로이에게 복제인간의 생명 연장 방법은 없다면서, "넌 돌아온 탕자야. 난 네가 자랑스러워. 주어진 시간을 충실히 살아."라 답할 뿐이다. 로이는 "난 몹쓸 짓을 많이 했어요."라 타이렐에게 고백하며, '창조주와 피조물', '아버지와 아들'의 관계를 잠시 연상시키지만, 타이렐을 죽이고 만다.

복제인간은 자신의 목적을 위해 살인도 불사하는 범죄자로 설정됐지만, 마냥 잔혹한 악역은 아니다. 이 영화의 대부분은 데커드의 시점에서 전개되는데, 복제인간이 남긴 흔적을 느리게 따라가면서, 조라, 레온, 크리스를 차례로 발견해 제거하는데, 그들의 죽음은 매우 처연하게 그려진다.

조라는 붐비는 도시의 밤거리에서 데커드가 쏜 총에 맞고는 마지막 순간까지 달리고 달리다가 쓰러진다. 크리스는 격렬하게 발버둥 치며 버티다 죽어간다. 로이는 데커드와 기나긴 난투극을 벌이다가 스스로 수명이 다해, 빗속에서 앉은 채로 서서히 죽어간다. "난 사람들이 상상도 못 할 걸 봤어. 오리온 전투에 참전했고, 탄호이저 기지에서 빛으로 물든 바다도 봤어. 그 기억은 모두 곧 사라지겠지. 빗속의 내 눈물처럼."이라고 더듬더듬 자신의 삶을 얘기하던 로이는 "죽을 시간이야."라는 마지막 말을 남긴 채 기능을 멈춘다.

더 살고 싶다는 복제인간의 욕망, 생존 본능은 인간에 의해 잔인하게 좌절된다. 그러나 범죄자 처결이라는 안도감을 전혀 주지 않는다. 무장하지 않은 조라와 크리스의 죽음, 복제인간의 자연사 과정을 보여준 로이의 죽음은 오히려 복제인간과 그들의 욕망을 연민하게 한다.

3. 인간의 욕망

<블레이드 러너>에서 드러나는 인간의 욕망은 복제인간의 욕망을 억압한다. 복제인간의 욕망은 인간에게 공포를 불러일으키고, 인간은 복제인간을 제압하는 방식으로 욕망을 드러낸다. 복제인간을 연민하다 보면, 이런 인간의 편을 들거나 감정 이입하기가 쉽지 않다. 사실 인간 캐릭터가 많이 나오지도 않는다. 특히 1992년 버전에서 데커드가 복제인간인 것처럼 다뤄지면서, 영화 속 인간의 존재감 자체가 미미해졌다. 인간으로

추정되는 인물은 타이렐, 세바스천, 츄 정도다.

신체검사에 통과하지 못해 우주 식민지로 가지 못하고 지구에 남은 인간이라는 설정 때문일까? 세 사람은 모두 병약해 보인다. 로이, 조라, 크리스, 레온 등 복제인간과는 대조적이다. 세 사람은 자신들이 만들어낸 복제인간에 대한 자부심이 강하다. 로이를 보고 자신들의 걸작이라고 감탄하지만, 곧 속수무책 응징당한다.

영화 전반에 깔린 인간의 욕망도 복제인간의 욕망과 다를 바 없다. 인간도 더 오래 살고 싶어 한다. 그래서 복제인간을 만들었다. 지구를 떠나 우주 식민지를 개척하면서, 인간 대신 위험한 일을 할 존재가 필요해 만든 게 복제인간이었다.

그러나 점차 인간보다 뛰어난 복제인간이 제작되기에 이르렀고, 스스로 위협을 느끼게 되면서, 복제인간을 수명을 짧게 해, 일찍 죽게 만들어버렸다. 인간의 통제를 벗어나려는 복제인간을 가차 없이 제거한다. 인간은 자신의 생명을 보호하기 위해 복제인간을 탄생시켰고, 같은 이유로 복제인간을 죽인다.

인간은 자신의 생명을 보호하겠다는 욕망에 이어, 세상의 주인이 되고픈 욕망도 드러낸다. 인간을 세상의 중심으로 설정하는 것은 1980년대 당시 많은 할리우드 영화가 그랬듯이 인종차별적인 식민주의적 시선과도 연결된다. 우주 식민지 개척이라는 설정도 식민주의적 발상과 무관하지 않다. 지구인처럼 생긴 생명체가 아니라, 정말로 아무도 살지 않던 행성을 식민지화 시킨 것이길 바랄 뿐이다. 인간과 복제인간의 관계는 주인과 노예의 관계로 설정되었고, 주인은 노예를 가혹하게 통제한다. 도망친 노예는 재판도 없이 현장에서 죽이기까지 한다.

인간은 주인으로서 또 창조자로서 복제인간의 불복종을 용납할 수 없다. 복제인간의 시작과 끝을 모두 결정짓고 싶어 한다. 인간은 다양한 존재가 평등하게 공존하는 사회 대신, 인간이 최고인 불평등한 계급사회를 만들어냈다. 인간은 자신들이 가장 우월한 존재라고 구별 짓고 싶어 하고, 기득권을 절대 놓지 않으려 한다. 그래서 인간보다 더 우월하다고 여겨지는 존재를 살려둘 수 없다.

영화 전반적으로 드러나는 이러한 인간의 욕망은 비판적인 시선에서 다뤄진다. 인간의 욕망은 이기적으로 보이기도 한다. 어차피 수명이 다해 죽을 존재들인데, 복제인간을 저렇게까지 찾아내 죽여야 하는지 싶다. 인간에게 복수하겠다고 공격해온 것도 아니고, 그저 조금 더 살게 해달라는 것 아닌가? 만약 블레이드 러너 데커드도 복제인간이라면, 인간은 동족끼리 서로 죽이도록 싸움까지 붙인 것이다. 인간의 이기적인 욕망은 잔혹하게 그려진다.

4. 욕망이 시각화된 방식

<블레이드 러너>가 복제인간과 인간의 욕망을 담아내는 방식은 시청각적으로 매우 강렬하다. 풍부한 시청각적 요소는 많은 마니아를 만들어내는 데도 큰 역할을 했다. 영화 곳곳이 의미 부여가 가능한 볼거리와 들을 거리로 채워졌다. 영화의 내용이 형식으로 체계화되는 과정에서 이 영화 안팎의 욕망과 공포가 다양한 양상으로 뒤섞였다.

1) 뒤섞임, 모호함

〈블레이드 러너〉는 내용상으로나 형식적으로나 명확한 구분이 어렵다. 뒤죽박죽 뒤섞여 모호한 상황을 만들어낸다. '복제인간이 인간에게 반기를 들었다'는 설정은 지극히 미래적이다. 영화 속 공간이 온갖 최첨단 기기들로 채워져야 할 것 같지만, 오히려 고전적인 기기들로 채워졌다. 날아다니는 자동차와 자전거, 흑백사진, 피라미드가 공존한다.

영화 속 공간은 고대부터 20세기까지 다양한 시대뿐만 다양한 나라, 도시의 흔적으로 채워졌다. 최신식 같으면서 구식 같기도 한 스타일로 영화 속 공간이 세워지고, 채워졌다. 미래가 배경이니 팩트 체크는 불가하겠으나, 영화에서 흔히 보아온 그런 미래 같지 않은, 정체를 파악하기 쉽지 않은 그런 공간이다.

LA의 야경을 보자면 홍콩 같기도 하고, 싱가포르 같기도 하다. 오사카 같다는 반응도 있다. (정체 파악이 힘들지만) 어딘가의 전통 모자로 보이는 모자를 쓰고 자전거를 타고 무리 지어 가는 사람들을 보자면, 아시아 풍의 야시장 느낌이다.

〈블레이드 러너〉 타이렐사 본사 건물

〈블레이드 러너〉 타이렐사 내부

조라가 일하는 클럽은 중동 어딘가 같고, 초고층 빌딩 숲 사이에 보이는 타이렐사 본사 건물은 고대 마야 피라미드를 연상시킨다. 데커드가 타이렐과 레이첼을 처음 만난 본사 내부 공간에는 이집트 피라미드를 닮은 거대한 조형물도 보인다. 타이렐과 세바스천의 집 안도 시대극에 나올법한 성 같은 분위기다.

〈블레이드 러너〉 데커드의 집에서 사진을 보고 있는 레이첼

조라의 위치를 파악하는데 단서를 제공한 레온의 사진은 렘브란트의 그림 같기도 하다. 데커드 집 안의 흑백 사진들은 20세기 초반 사진일까? 정확한 시기는 알 길이 없으나, 몇 대 할머니 할아버지 사진인 듯하다. 혹은 골동품 가게에서 사 왔을까? 어디에서 난 사진들일까?

데커드는 날아다니는 경찰차를 타고 다니는데, 차량 내부는 낡은 중장비를 연상시킨다. 광선총 같은 미래적인 무기도 보이지 않는다. 데커드는 권총을 주로 사용하지만, 맨주먹으로 난투극도 종종 벌인다. 설정만 SF 영화일 뿐, 전체적으로 필름 느와르에 가깝다.

청각적인 요소도 마찬가지다. 영어, 일본어, 중국어 등을 아우르는 언어도 들리고, (일본 전통 음악)으로 여겨지는 음악과 신시사이저가 강렬한 전자음악도 들린다. 복제인간 로이는 고전 시도 읊는다. 프리스는 데카르드의 명제도 외친다. 시공간을 초월한 비주얼과 오디오가 겹겹이 층을 이룬다.

이런 뒤섞임과 모호함은 누가 인간이고 복제인간인지 구분조차 할 수 없는 미래의 모습으로 그럴듯하다. 포스트모더니즘 양상으로서 '혼성모방(pastiche)', '정신분열증(schizophrenia)', '노스탤지어' 등의 양상으로도 볼 수 있다.

영화를 보는 내내 '여긴 어디이고, 저들은 누구인가?'란 질문을 끊임없이 던지게 된다. 더불어 '저들을 저렇게 죽여도 되는 건가?'라 의심하게 된다. 선악도 명확하게 구분되지 않고, 인간이 선으로 그려지지도 않는다. 모든 게 혼돈이다.

2) 테크노 포비아, 반일본 정서 등

〈블레이드 러너〉가 담아낸 혼돈의 미래는 1980~90년대 미국의 현실 특히 공포와 맞닿는다. 당시 미국 내에 존재하던 과학기술, 인종, 일본, 환경 등과 관련된 두려움이 영화에 고스란히 담겼는데, '테크노 포비아'와 '반일본 정서' 등이 〈블레이드 러너〉 속 미래에 투영됐다.

　1970년대부터 유전공학은 서서히 대중에게 알려지기 시작했다. 과연 인간을 행복하게만 해줄지 아무도 장담할 수 없었다. 인간은 이미 여러 차례 과학 기술 발전의 역설을 경험했다. 대량 살상 무기로 수많은 사람이 목숨을 잃었고, 기계화로 일자리도 잃었다.

　〈블레이드 러너〉 속 인간은 기술 발전 덕분에 복제인간을 만들어냈고, 안전함과 편리함을 누리고 있지만, 그들에 대한 통제에 어려움도 겪고 있다. 그리고 태양은 보이지 않고, 비만 내린다. 한 번도 보여주진 않지만 우주 식민지에 비하면 살기 좋은 곳이 아니다. 아마도 인간이 지구를 망가뜨렸을 것으로 짐작된다. 과학기술에 대한 영화 밖 공포가 영화 안 미래에서도 발견된다.

〈블레이드 러너〉 광고 전광판

1980년대 일본 경제는 최대 호황을 누린 것으로 평가된다. 세계 2위 경제 대국이 된 일본의 자본이 미국의 대표 회사들을 인수하기 시작하면서, 미국 내에는 일본 문화에 익숙해져 가는 정서와 더불어 거부감도 커졌다. 당시 일본에 대한 반감을 직간접적으로 담아낸 미국영화들도 여러 편 등장했다.

기모노를 입은 일본 여성의 광고 영상을 보여주는 전광판은 영화 내내 스크린을 가득 채운다. 데커드는 길거리 일본 국숫집에서 자막 처리도 되지 않은 일본어 대사와 함께 등장했다. 〈블레이드 러너〉 속 미래의 미국은 꽤 일본화된 것으로 보인다. 이국적이기도 하지만, 기괴스럽기도 하다. 익숙한 '미국다움'과는 거리가 멀다. 일본에 대한 영화 밖 두려움이 영화 안 미래에도 자리 잡았다고 할 수 있다. 미래의 일상 곳곳에서 '일본다움'이 발견된다.

5. 영화 밖 이런 욕망

〈블레이드 러너〉의 1982년 첫 개봉판 버전은 흥행 실패를 두려워한 제작자, 투자자의 두려움이 대폭적인 수정으로 이어진 버전이었다. 그러나 기대만큼의 흥행 성적을 기록하진 못했다. 조금 먼저 개봉한 〈E.T〉(스티븐 스필버그, 1982)와의 경쟁에서 완전히 밀렸다.

〈블레이드 러너〉 개봉판을 완성한 욕망, 마지막 순간에 수정한 욕망, 그리고 이 영화를 외면한 욕망은 모두 1982년의 현실이라 할 수 있다. 같은 해 미국 내 흥행 영화로는 〈E.T〉 이외에 〈레이더스〉(스티븐 스필버

그), 〈록키 3〉(실베스터 스탤론) 등도 있었다. 영화의 흥행 원인을 단순화시켜 분석할 수 없겠으나, 〈블레이드 러너〉와는 다른 결의 영화들임은 분명해 보인다. 1982년 관객은 미래에 담긴 두려움과 공포 대신 꿈과 희망, '미국'에 대한 자부심을 더 많이 선택했다.

〈블레이드 러너〉신문광고
《동아일보》, 1993년 5월 8일 22면

1982년 개봉판 버전의 경우 국내에서는 개봉도 되지 못했다. 1993년 5월에 1992년 감독판 버전이 처음으로 개봉되었는데, 이미 비디오가 출시된 이후라서, 관객들에게는 일종의 '성지 순례' 같은 관람이었다. '내가 이 영화를 드디어 영화관에서 보는구나!' 10여 년 동안 일종의 신화가 된 영화를 보고픈 욕망이 드디어 해소되는 순간이었다.

〈블레이드 러너〉(1992)가 담아낸 미래인 2019년은 현재 기준 과거다. 복제인간은 등장하지 않았고, 날아다니는 자동차도 보이지 않는다. 그러나 '사이버 펑크'가 등장했고, 많은 분야에서 경계가 무너지고 모호해지는 현상은 지속되고 있다. 다양한 인종과 문화가 더욱 활발하게 교류되고 있지만, 갈등과 차별의 문제도 심각하다. 기술에 대한 두려움, 환경 즉 자연에 대한 두려움은 오히려 더 커진 것 같다. 〈블레이드 러너〉가 담아낸 인간의 욕망과 공포는 지금도 유효하다. 과연 우리는 잘살고 있는가?

8장
영혼에 새겨진 죄의식으로 그대 불행하리라
— <올드 보이>와 <킬링 디어>로 본 복수의 욕망

임정식

1. 스크린 물들이는 복수의 그림자들

스크린은 욕망의 저수지이다. 인간의 모든 욕망을 차별 없이 받아들여 제 품에 안는다. 그래서 종류와 숫자를 헤아리기 힘든 인간의 욕망은 스크린에서 쉴 새 없이 꿈틀거린다. 그 욕망들은 서로 뒤엉켜서 용암처럼 들끓어 오르고, 때로는 서릿발처럼 차갑게 관객을 응시한다. 그 가운데 가장 선연한 빛깔로 스크린을 물들이는 욕망은 무엇일까? 복수의 욕망을 빼놓을 수 없다. 복수의 욕망은 스크린을 자주 핏빛 울음과 죽음으로 채색한다. 또한 뫼비우스의 띠처럼 안과 밖, 나와 너를 구분하지 않은 채 인간을 송두리째 삼켜버린다.

복수의 연원은 깊다. 인류 역사상 가장 오래된 성문법인 바빌로니아의 함무라비 법전에도 동해보복법(同害報復法) 조항이 들어 있다. 구약성서의 출애굽기에는 "눈에는 눈으로, 이에는 이로, 발에는 발로, 화상은 화상으로, 멍은 멍으로 갚아야 한다"[1]는 구절이 있다. 신화가 인간의 복수 욕망을 그냥 지나칠 리 없다. 신화 속 파란만장한 복수의 화신으로 메데이아를 꼽을 수 있다. 메데이아는 조국과 동생을 버리고 이아손을 선택한다. 하지만 이아손이 다른 여자와 결혼하려고 하자 강렬한 복수심에 사로잡힌다. 이아손의 약혼녀는 물론 자신의 두 아들까지 죽인다. 민담, 전설, 동화에도 복수의 욕망은 넘실거린다. 사악한 계모를 죽여서 젓갈로 만들거나(콩쥐팥쥐), 새가 두 눈을 쪼아 눈멀게 했다는 이야기(신데렐라)도 복수 모티브로 읽을 수 있다.

---

1 「출애굽기」 21장 24절, 『성경』, 표준대번역.

로널드 B. 토비아스는 복수극의 플롯을 세 단계로 정리한다. 첫 번째 단계는 범죄로 구성된다. 범죄가 끔찍할수록 복수는 호응을 얻고, 관객이 범죄를 목격하면 관객과 희생자 사이에 강한 연대감이 형성된다. 두 번째 단계는 복수의 계획과 추적이다. 세 번째 단계에서는 극적인 대결이 이뤄진다. 그리고 주인공은 복수를 완성한 뒤 '평범한' 생활로 돌아간다. 오늘날의 주인공들은 마지막까지 살아남고, 좀 더 나은 사람으로 변한다.[2] 이 영화들에서 복수는 대부분 육체에 가해진다. 상대방의 생명을 빼앗거나 신체를 훼손하는 식이다. 이러한 복수 방법은 강렬한 시각적 이미지 때문에 오랫동안 기억에 남는다.

관객에게 범죄 장면을 보여주지 않거나, 주인공이 '평범한' 생활로 돌아가지 못하는/않는 복수극도 있다. 어떤 인물이 왜 복수의 대상자인지, 어떤 행위가 범죄인지 아닌지 혼란스러운 상태에서 복수극이 펼쳐지기도 한다. 육체 대신 영혼에 치명적인 상흔을 남기는 복수도 있다. 죄의식이 대표적이다. 〈올드보이〉(감독 박찬욱, 2003)와 〈킬링 디어〉(감독 요르고스 란티머스, 2018)가 그러한 작품이다. 두 영화의 서사는 동해보복법의 영역 안에 있다. 주인공은 혈연의 죽음을 그대로 되갚아준다. 그런데 복수는 여기에서 멈추지 않는다. 주인공의 복수로 인해 죄의식이 영혼에 깊이 새겨지고, 인물은 그 죄의식을 평생 짊어지고 살아간다. 두 영화는 복수의 욕망이 영혼에 구현된 극명한 사례를 보여준다.

---

2 로널드 B. 토비아스, 『인간의 마음을 사로잡는 스무 가지 플롯』, 김석만 옮김, 풀빛, 1997, 182~194쪽.

2. 사냥 모티브로 탐색하는 복수의 욕망

〈킬링 디어〉(The Killing of a Sacred Deer)는 그리스 작가 에우리피데스의 희곡 『이피게네이아』를 모티브로 한 영화이다. 『아울리스의 이피게네이아』와 『타우리케의 이피게네이아』 연작으로 된 이 작품은 아가멤논의 맏딸인 이피게네이아의 운명적인 삶을 다루고 있다. 이피게네이아는 트로이로 출정하는 그리스군 총사령관인 아가멤논의 결정에 의해 아르테미스 여신에게 제물로 바쳐진다. 하지만 이피게네이아는 아르테미스 여신에 의해 극적으로 구출된다. 란티모스 감독은 〈더 랍스터〉(The Lobster · 2015)에서 신화적인 상상력과 사냥 모티브로 주목 받았는데, 〈킬링 디어〉에서도 그리스 신화, 희생양, 사냥 모티브를 흥미롭게 결합하고 있다. 〈킬링 디어〉는 제70회 칸영화제 각본상 수상작이다.

에우리피데스의 희곡에서 이피게네이아의 비극적인 운명은 숙모인 헬레네의 일탈로 인해 시작된다. 유명한 '파리스의 사과' 에피소드에서 미의 여신 아프로디테가 가장 아름다운 인간 여인이라고 지목했던 그 헬레네다. 헬레네가 트로이의 왕자인 파리스와 야반도주를 하고, 남편 메넬라오스가 파리스의 조국 트로이에 선전포고를 하고, 그리스 연합군이 트로이를 공격하기 위해 아울리스 항에 집결한다. 『아울리스의 이피게네이아』의 배경 스토리다. 하지만 그리스군은 바람이 불지 않아서 출항하지 못한다. 이때 아르테미스 여신의 신탁이 전해진다. 이피게네이아를 제물로 바치면 바람이 불게 해주겠다는 것이다.

아르테미스가 이피게네이아를 제물로 지목한 데는 이유가 있다. 아가멤논이 사냥을 하면서 아르테미스의 성스러운 암사슴을 죽였기 때문이다. 비록 의도하지 않았다고 해도, 인간이 감히 사냥의 여신의 상징 동물을 죽이다니. 아가멤논의 이 행동(실수)이 딸의 운명을 결정한다. 이피게네이아는 우여곡절 끝에 희생 제단에 오른다. 하지만 아르테미스는 극적인 순간에 이피게네이아를 구한다. 사제의 칼이 이피게네이아의 목을 찌르려는 순간에 암사슴을 대체 희생물로 보낸다. 살아난 이피게네이아는 이방인의 땅 타우리케로 가고, 그곳에서 신전을 지키면서 아르테미스에게 바치는 제물을 관리한다.

〈킬링 디어〉에서도 아버지의 작은 행동(실수)이 가족의 운명을 가른다. 외과의사인 스티븐은 음주 수술을 하다가 한 남자를 죽음에 이르게 한다(마취과 의사는 가벼운 음주 수술은 흔한 일이었다고 말한다). 그 후에 죽은 남자의 아들 마틴이 스티븐을 찾아오고, 스티븐이 마틴의 올가미에 걸려 버둥거리면서 영화의 긴장감이 고조된다. 그러나 에우리피데스의 희곡과 마찬가지로 〈킬링 디어〉에서도 진짜 희생양은 스티븐이 아니다. 〈킬링 디어〉의 원제 'The Killing of a Sacred Deer'에 나타나 있듯이, 제물(희생양)은 순결하고 신성해야 한다. 스티븐의 딸 킴과 아들 밥이 그 조건을 충족시키는 인물이다. 그리고 "가족들의 사지가 마비될 것이고, 다음엔 거식증에 걸릴 것이며, 눈에서 피를 흘리다 죽을 것"이라는 마틴의 경고는 현실이 된다. 마틴의 요구는 아르테미스의 신탁과 같은 역할을 한다.

스티븐의 가혹한 딜레마는 여기에 있다. 아내, 딸, 아들 중에서 누구를 희생양으로 삼을 것인가. 결국 순결한 킴과 밥이 다리 마비와 거식증으로 입원한 가운데, 킴이 이피게네이아로 등장한다. 가족을 위해 자신이 희생양이 되겠다고 말한다. 킴은 희생양의 조건을 두루 갖추고 있다. 킴은 막

〈킬링 디어〉 포스터

초경을 한, 순결한 영혼과 육체의 소유자이다. 이 장면에서 〈킬링 디어〉는 신화의 서사를 살짝 변형한다. 킴이 아니라 밥을 희생양으로 삼는다. 킴과 마틴의 (유사) 연인 관계, 밥이 가족 중에서 가장 약한 존재라는 점 등이 복합적으로 작용했을 것이다.

〈킬링 디어〉 마틴이 스티븐을 병원으로 찾아가 비밀을 이야기하는 장면

〈킬링 디어〉에서 마틴은 주술사의 능력을 발휘한다. 그는 신비한 능력의 소유자이다. 또한 스티븐과 그 가족을 노리는 집요한 복수의 사냥꾼이다. 마틴은 자신의 사냥을 '정의'라고 규정한다. 자신의 아버지가 스티븐 때문에 죽었으니, 그와 똑같이 스티븐의 가족도 죽어야 한다고 말한다. 함무라비 법전과 구약성서를 그대로 적용하는 것이다. 그리스신화에서는

트로이 원정에서 돌아온 아가멤논이 아내 클리타임네스트라와 그녀의 정부에 의해 살해당한다. 그리고 클리타임네스트라도 비극적인 최후를 맞이한다. 반면 〈킬링 디어〉에서 스티븐과 안나는 살아남는다. 하지만 그들의 삶이 행복할 리 없다. 살아남은 자들은 한평생 죄의식 속에서 살아가야 한다. 그리고 이 죄의식이 죽음보다 더 가혹한 복수일 수 있다.

〈킬링 디어〉에서 마틴은 때로 신적인 존재처럼 그려진다. 이러한 설정은 영화 초반의 시점 쇼트를 통해 효과적으로 구현된다. 란티모스 감독은 스티븐을 자주 누군가의 시점 쇼트로 촬영하고, 카메라의 교묘한 움직임을 통해 그가 누군가의 시선 안에 갇혀있음을 드러낸다. 이러한 카메라 움직임은 영화의 긴장감을 고조시키면서 장르적 재미를 선사한다. 또한 스티븐의 영혼이 마틴에게 사로잡혀 있다는 사실을 시각적으로 표현한다. 이는 아가멤논의 운명이 아르테미스 여신의 손아귀에 있는 상황을 연상시킨다. 마틴의 복수 욕망은 집요하다. 그는 스티븐의 아들 밥이 희생양으로 바쳐진 사실을 두 눈으로 확인한 다음에야 복수를 멈춘다. "제 가족을 죽이셨으니 선생님 가족도 죽어야 균형이 맞겠죠?"라는 마틴의 선언은 현실이 된다.

그런데 〈킬링 디어〉의 진짜 관심은 마틴의 외형적인 복수가 아니다. 마틴의 복수 욕망이 어디에서 시작됐는지를 탐색하는 데 있다. 마틴의 행위는 외형상 아버지의 죽음에 대한 복수로 그려진다. 그런데 〈킬링 디어〉에서 마틴과 아버지의 관계는 비중 있게 설명되지 않는다. 두 사람이 동시에 등장하는 쇼트도 없다. 마틴은 스파게티 먹는 방법이 아버지와 똑같다고 말하는데(이는 친척들이 그렇다고 전해준 내용에 불과하다), 부자관계의 친밀함을 드러내는 행위치고는 초라하기 짝이 없다. 더구나 그

행위의 유사성도 사실은 누구나 스파게티를 먹는 방법일 뿐이다. 일종의 '발가락이 닮았다'와 같은 발상이다.

하지만 마틴의 복수 욕망은 간단치 않다. 담배를 갓 배운 10대 후반의 소년이라고 믿기 어려울 정도이다. 그렇다면 마틴의 복수심은 어디에서 비롯된 것일까? <킬링 디어>는 신화의 희생양 및 사냥 모티브를 활용해 인간의 근원적인 복수 욕망을 드러낸다. 아버지의 죽음은 단지 마틴의 복수 욕망에 불을 댕긴 계기였을 뿐이다. 신화에서는 아르테미스의 복수가 물결처럼 번져 나가 죽음을 불러오고, 이피게네이아와 동생 오레스테스는 험악한 운명의 파도에 휩쓸린다. <킬링 디어>에서는 마틴의 복수 욕망이 스티븐의 가족을 검은 연기처럼 휩싸고, 그 복수 욕망은 어린 밥을 희생양으로 삼킨 뒤에야 잦아든다. 마틴은 마지막 장면에서 밥의 부재를 확인시킨 뒤 식당을 빠져나가는 스티븐 가족을 빤히 쳐다본다. 그 시선은 무심한 듯 차갑고, 그래서 더욱 두렵다. 이제 스티븐이 평생 짊어지고 갈 죄의식의 무게를 상상하는 것은 어렵지 않다. 마틴의 복수는 완벽하게 성공한 것이다.

3. 주체와 대상이 뒤바뀌는 '고통의 축제'

2004년 칸국제영화제 심사위원 대상 수상작인 <올드보이>는 동명의 일본 만화를 각색한 작품이다. 각색 과정에서 근친상간 모티브를 새로 도입했고, 이 선택이 복수와 관련된 서사의 긴장감을 높이는 계기가 됐다. 영화에 나타난 근친상간 관련 서사는 1)이우진과 이수아는 근친상간을 한다. 2)오대수가 두 남매의 근친상간을 친구에게 누설한다. 3)이우진이 오대수를 15년 동안 감금 방에 가둔다. 4)오대수는 딸인 미도와 근친상 간을 한다. 5)오대수가 자신의 혀를 자르며 용서를 구한다. 6)오대수는 근친상간 기억을 지우기 위해 최면을 시도한다는 것으로 요약된다. 그리 고 이 근친상간과 비밀 누설이 복수극의 단초가 된다.

〈올드보이〉의 플롯은 일반적인 복수극과 차별화된다. 가해자와 피해 자가 선악의 대립구도로 선명하게 구분되지 않는다. 이우진의 플롯과 오 대수의 플롯이 교차되며 전개되는데, 그 비중도 차이가 없다. 이우진과 오대수는 서로가 복수의 주체(프로타고니스트)이자 대상(안타고니스 트)이며, 가해자인 동시에 피해자이다. 〈올드보이〉에서는 주체/대상, 가 해자/피해자, 선/악의 대립구도가 해체되고 역전되면서 충돌한다.

영화 초반에는 오대수가 복수의 주체로 등장한다. 그는 딸의 생일날 전화 부스에서 납치되고, 사설 감금 방에 갇히고, 15년 뒤 풀려나고, 복수 욕망에 사로잡혀 자신을 가둔 자를 찾아 헤맨다. 영화 중반 이후에는 이 우진이 프로타고니스트 역할을 한다. 그는 오대수 앞에 스스로 나타난다. 그리고 오대수를 감금 방에 가두고 풀어준 이유를 설명한다. 대단원의 프 로타고니스트는 다시 오대수이다. 그런데 이 에필로그의 배후에는 이우 진이 도사리고 있다. 이때 이우진은 '보이지 않는 손'으로 등장한다. 이 지점에서 〈올드보이〉는 권선징악 복수극의 차원을 넘어선다. 복수 욕망 을 다루면서도 금기 위반과 처벌, 죄의식, 운명과 초월 등에 관한 사유를 복합적으로 담아낸다.

이우진은 운명과 관련된 가혹한 복수 방법을 선택한다. 그의 복수는, 〈 킬링 디어〉의 마틴이 그러했던 것처럼, 두 가지 차원에서 이뤄진다. 누나의 죽음에 대응해서 오대수의 아내를 살해하고, 누나와의 근친상간은 오대수와 미도의 근친상간으로 되갚는다. '눈에는 눈, 이에는 이'의 원초적인 복수다. 나아가 이우진은 오대수가 딸과의 근친상간을 영원히 기억하도록 설계한다. 이로 인해 <올드보이>의 테마는 동해보복법 방식의 복수가 아니라 죄의식의 청산 여부로 집약된다. 이우진은 죄의식을 청산하는 방법으로 자살을 선택하고, 오대수는 영혼에 새겨진 근친상간의 죄의식으로 고통 받는다.

<올드보이> 이우진과 오대수가 처음 만나는 장면

이우진의 거처인 펜트하우스 시퀀스는 상징적이다. 오대수는 미도에게 근친상간 사실을 알리지 말아달라고 애원하면서 개처럼 바닥을 기고, 이우진의 구두를 혀로 핥고, 이우진의 근친상간을 누설했던 자신의 혀를 가위로 자른다. 곧바로 이우진의 엘리베이터 자살 장면이 이어진다. 이우진은 "복수가 다 이뤄지면 어떨까? 아마 숨어 있던 고통이 다시 찾아올걸"이라고 말한다. 이 대사는 오대수에게도 적용된다. 이우진이 죽음으

로써 오대수는 표면적으로 복수에 성공한 셈이 된다. 문제는 죄의식이다. 오대수는 그 기억을 지우기 위해 최면술사를 찾아간다. 여기서 '설계사' 이우진의 진면목이 드러난다. 그는 오대수의 근친상간 기억(죄의식)이 삭제될 수 없도록 조치해놓았다. 이우진의 진정한 복수는 바로 이 지점에 있다.

〈올드보이〉 이우진이 엘리베이터에서 자살하는 장면

〈올드보이〉 오대수가 딸 미도와 재회한 에필로그 장면

소포클레스의 희곡 『오이디푸스 왕』에서 오이디푸스는 자신의 근친상간 사실을 알고 나서 두 눈을 브로치로 찔러 장님이 되고, 딸 엘렉트라의 손에 이끌려 광야로 떠난다. 스스로 육체를 훼손함으로써 금기 위반의 대가를 치른다. 오대수는 근친상간의 죄의식을 떠안고 살아가야 한다. 그는 근친상간 비밀을 발설할 수도, 그 기억을 지울 수도 없다. 이는 오대수의 진정한 고통이고, 이우진의 완전한 복수이다. 이우진이 자살함으로써 오대수는 프로타고니스트의 지위를 상실한다. 오대수의 파멸이 아니라 이우진의 죽음이 이 뜨거운 복수 드라마를 완성한다. 이우진은 죄의식의 청산이 불가능하다는 사실을 알고 있다. 그러면서도 그 불가능성에 도전했고, 예정된 운명에 따라 스스로 소멸한다. 오대수는 자신의 운명을 모른 채 설계자가 정해준 운명에 따라 행동한다. 이로써 <올드보이>는 단순한 복수극의 범주를 벗어나게 된다.

설원을 배경으로 한 에필로그는 상징적이다. 미도는 최면에서 깨어난 오대수를 껴안고 "사랑해요. 아, 저, 씨"라고 말한다. 오대수는 '고통스러운 미소' 혹은 '안도의 울음'이 뒤섞인 묘한 표정을 짓는다. '아저씨'라는 호칭은 예사롭지 않다. 미도는 여전히 오대수를 아버지가 아니라 아저씨로 대한다. 근친상간 사실을 알지 못하는 것이다. 그렇다면 오대수는 웃어야 하나, 울어야 하나. 오대수의 복잡 미묘한 표정은 의미심장하다. 동시에 오대수가 '짐승만도 못한 삶'을 살아야 한다는 사실을 확인시켜 준다.

근친상간 기억의 삭제 여부와 관계없이, 오대수의 삶은 비극적이다. 만약 기억이 삭제됐다면 근친상간의 기억도 사라지는데, 그렇게 되면 오대수는 미도와 진짜 사랑하는 사이가 된다. 오대수와 미도가 부녀 관계라는 사실은 어둠 속에 묻히고, 금기를 위반했으나 외형적으로는 그렇지 않은 기묘한 삶이 전개된다. 만약 기억이 삭제되지 않았다면? 오대수는 딸이 자신을 '남자'로 사랑하는 상황 속에서 근친상간의 죄의식을 평생 끌어안고 살아야 한다. 어느 쪽이든 오대수에게는 '고통의 축제'일 뿐이다.

오대수가 이우진의 근친상간 비밀을 누설한 죄는 간접적이다. 복수극의 범죄 동기로서는 사실 미약한 편이다. 더구나 오대수는 범죄를 저질렀다는 의식은커녕 자신이 비밀을 누설했다는 사실조차 알지 못했다. 그런데 이우진은 "모래알이든 바윗돌이든 모두 물에 가라앉는다."고 말한다. 한 사람을 파멸시키는 계기가 모래알처럼 작고 사소하든 바윗돌처럼 크고 무겁든 그 결과의 차이는 없다. 스스로는 의식하지 못하는 작은 행동 (실수) 하나가 인간의 운명을 바꾼다. 그리고 복수의 욕망이 가져온 결과는 참혹하기만 하다. 이우진과 오대수는 복수의 욕망에 자신을 내던짐으로써 비극적인 운명을 맞이한 것이다.

4. 무고한 희생양과 현대의 운명 비극

복수의 욕망을 구현하는 방법은 각양각색이다. 선혈이 낭자한 피의 복수도 있고, 발톱을 숨긴 채 그림자처럼 차갑게 진행되는 복수도 있다. 어느 경우이든, 복수 욕망은 보통 반작용의 결과이다. 누군가가 혹은 무엇인가가 나에게 심대한 피해를 입혔을 때 그에 대한 반응으로 발생한다. 즉 복수는 타자를 전제로 하는 행동이자 관계의 산물이다. 이러한 설정은 마틴, 이우진, 오대수 모두에게 해당한다. 복수 욕망에 불을 붙이는 도화

선이 무엇인가, 복수의 최종 목적이 무엇인가에 따라서 그 성격이 결정된다.

〈킬링 디어〉에서 마틴의 복수 욕망은 본능적이다. 10대 후반 청소년의 내면에 그토록 잔혹한 복수 욕망이 깃들어 있다는 사실이 의심스러울 정도다. 마틴의 복수는 사냥감을 앞에 둔 맹수의 발걸음처럼 은밀하면서도 집요하게 진행된다. 스티븐은 작은 행동(실수) 하나로 아들을 잃는 엄청난 비극을 겪는다. 그는 아들의 죽음이라는 죄의식의 덫에서 결코 빠져나올 수 없다. 〈올드보이〉에서 이우진의 복수는 이성적이다. 그는 오대수의 납치, 감금, 석방 날짜는 물론 딸과의 근친상간까지 철저하게 계산한 채 복수를 진행한다. 누나를 죽음에 이르게 했다는 죄의식을 청산하기 위해서다. 하지만 죄를 전가할 수는 있어도 죄의식은 청산할 수 없다. 반면 오대수는 근친상간의 죄의식을 한평생 짊어지고 살아가야 한다. 이우진은 자신의 소멸을 통해 복수에 성공했고, 오대수는 죽는 날까지 이우진이 쳐 놓은 죄의식의 그물 속에서 가여운 새처럼 버둥거려야 한다.

〈킬링 디어〉와 〈올드보이〉에서 인물들은 복수의 욕망을 성취한다. 받은 대로 갚아주는 동해보복법을 실현한다. 하지만 이러한 복수는 일차적이다. 진정한 복수는 가해자의 영혼에 삭제 불가능한 죄의식을 심어놓는 것이다. 이 과정에서 주목할 점은, 무고한 희생양의 등장이다. 〈킬링 디어〉의 밥과 〈올드보이〉의 미도는 아무런 죄가 없다. 밥은 순진무구한 어린아이이며, 미도는 외로운 고아일 뿐이다. 그런데 밥과 미도는 복수의 욕망을 충족시키기 위한 도구로 사용된다. 그리고 이 희생양들은 아버지의 죄의식의 근원이 된다. 그러한 점에서 〈킬링 디어〉와 〈올드보이〉는 희생양 모티브가 바탕에 깔려 있는 현대의 복수극이자 운명 비극이라고 할 수 있다. 불멸의 죄의식으로 완성되는 복수 드라마인 것이다.

9장
신의 욕망과 자본의 욕망이
영화에서 그려지는 두 개의 풍경
－ <더 플랫폼>, <비바리움>

안치용

영화 <더 플랫폼>과 <비바리움>에서 다룬

수직과 수평의 욕망의 교차지점에서 인간이 욕망할 십자가에 관하여

신에게 욕망이 있을까. 답은 "알 수 없다."이다. 왜냐 하면 신의 욕망 유무를 파악할 능력이 우리에겐 없기 때문이다. 신의 욕망을 논하는 것은, 달에 관한 지식이 미미했을 때 그곳에 토끼가 사는지 살지 않는지를 두고 토론하는 것이나 비슷하다고 하겠다.

신에게 욕망이 있다고 가정해 놓고 이야기를 시작하자. 신은 완전체이므로 결여가 없어서 욕망한다는 가정이 사실 형용모순이기는 하다. 인간이 상정할 수 있는 신의 욕망은 그러므로 인간세계에 대한 것이라고 할 수 있다. 완전한 신이 불완전한 인간세계를 왜 만들었는지는 불가해하지만 그것을 욕망이라고 표현하든 섭리라고 표현하든, 신의 욕망은 불완전한 인간세계를 완전에 가깝게 만들어가는 것이지 않을까. 신의 욕망을 조금 더 익숙한 단어로 바꾸면 구원이다. 영화 〈더 플랫폼〉은 불완전한 인간세계를 상상력 게임에 근접한 방식으로 그려내는데, 영화가 구현한 수직감옥을 높이로 관통한 주제는 구원이다. 유일한 신의 욕망 더 정확하게는 인간에게 투사된 혹은 인간이 유일하게 이해할 수 있는 신의 욕망.

함께 살펴볼 영화 〈비바리움〉에서도 강렬한 욕망을 볼 수 있는데, 그것은 인간세계와 함께 작동하고 인간을 통해 구현되지만 결코 인간은 주체가 되지 못하는 종류의 욕망이다. 〈비바리움〉에서 끝없이 펼쳐진 같은 모양 주택의 수평적 확장이 상징하는 것은 인간이란 아바타를 통해 작동하는 자본의 욕망이다. 구원이란 신의 욕망을 이해하는 방식이 직관적인 반면 확장이란 자본의 욕망을 이해하는 방식은 사변적이다. 영상의 형태로는 반대로 느껴질 수 있지만, 다루는 주제의 차이에 따른 불가피한 이해 방식이라고 하겠다. 여기서 자본의 욕망을 익숙한 용어로 바꾸면 탐욕이다. 남의 둥지에 떡 하고 큼지막하게 들어앉은 뻐꾸기 새끼가 먹이를 요구하며 입을 벌리는 모양 그대로.

파격적인 디테일이 완전한 의미화를 방해했지만
독특한 방법론으로 구원을 형상화한 〈더 플랫폼〉

〈더 플랫폼〉 포스터

영화 〈더 플랫폼〉은 수직 감옥이란 세계의 메타퍼를 통해 인간 존재와 사회, 그리고 구원을 형상화한 우화 같은 영화이다. 생존의 절대 조건이자 기본 조건인 음식과 수직감옥을 결합하여 불평등 사회를 파격적인 아이디어로 강렬하게 영상화했다.

〈더 플랫폼〉을 봉준호 영화와 비교하면 〈설국열차〉를 세로로 세우고, 〈기생충〉의 수직 플로우를 확장한 개념이라고 할 수 있다. 주제의식은 〈설국열차〉 및 〈기생충〉과 대동소이하나 구원의 문제를 상당히 종교적인 관점에서 다뤘다는 점에서는 차이를 보인다. 〈설국열차〉와 〈기생충〉 가운데서 더 비슷한 영화는 〈설국열차〉이겠다. 가로 세로만 다를 뿐 구조가 사실상 동일하다. 〈설국열차〉가 〈기생충〉에 미치지 못하는 결정적 이유는 엄숙주의에 매몰돼 영화가 주제에 끌려 다니기 때문이라고 개인적으로 판단하는데, 〈더 플랫폼〉도 마찬가지라고 할 수 있다.

책(돈키호테)과 칼을 지닌 각각 비자발적이고 자발적인 두 수감자가 영화 〈더 플랫폼〉의 기본 얼개를 구성한다. 강력한 이분법을 채택했으며 그것은 선과 악, 천상과 지상, 구원과 타락 등을 확고하게 대변한다. 결말에서 이분법은 통합되어 새로운 단계로의 비약을 암시하나 이분법을 깰 정도는 아니다.

이분법과 수직감옥을 연결 지으면서 기독교적 영감을 추가한다면 단박에 우리는 아우구스티누스를 떠올리게 되지 않을까. 그러나 이 영화의 주인공은 예수의 역할을 연기한다. 죄 없는 희생양으로 세상이란 감옥으로 내려와서, 당하지 않아야 할 수모를 당하고, 인간과 함께 지내며 인간의 고통을 함께 겪다가, 땅에 묻히었지만 부활하여 저 높은 곳으로 올라가는 예수. 피로 얼룩져 고통스러워하는 영화 속 주인공의 모습은 예수상을 너무 닮았다.

바닥을 333층으로 설정한 것 또한 너무 노골적으로 예수를 상징한다. 예수의 지상의 삶 33년과 공생애 3년의 의미였을까. 문제는 너무 노골적이고 과도하게 직접적인 디테일이 주제의식의 엄숙주의에 영화를 끌려 다니게 만들었다는 점이다. 좋은 감독은 영화가 주제의식을 끌고 다니게 하면서도 여백을 만들어내고 유머와 위트를 피자의 토핑처럼 곳곳에 뿌려놓는다. 봉준호 감독이 〈설국열차〉에 하지 못하고, 〈기생충〉에서 한 것이 바로 이것이다. 가더 가츠테루 우루샤 감독은 〈설국열차〉 수준에서 한 발자국도 더 나가지 못했다.

구원을 여자, (여자)아이, 상승이란 스테레오타입에 의지하여 표현함으로써 결과적으로 종교영화가 된 〈더 플랫폼〉을 온기 없고 찰기 없고 푸석푸석한 식은 밥으로 만들어 버렸다. 아우구스티누스의 여러 면모 중에서 가장 파시스트적이고 가장 세속적인 면모가 〈더 플랫폼〉의 상승에서 연상된다.

〈더 플랫폼〉 스틸컷

　바로 위층까지에서 남긴 음식만으로 그 아래층에서 먹을 수 있고, 그 아래층의 아래층은 아래층이 남긴 음식만 먹을 수 있는 극단적이고 전형적인 수직하방은 세계를 흥미롭게 표현할 충분한 가능성을 가진 나름 흥미로운 착상이긴 했다. 세계를 신의 누출로 받아들여 마찬가지로 수직하방하면서 위보다 아래를 빈곤하게 만드는 신플라톤주의 철학을 참신하게 해석했다고나 할까. 그러나 사회비판, 실존, 예수, 구원 등 너무 많은 의미를 구겨 넣으면서 영화적 성취는 요원한 것이 되고 말았다.

> *"세상에는 세 종류의 사람이 있지.*
> *꼭대기에 있는 자. 아래에 있는 자. 추락하는 자."*

　TV를 창밖으로 던져서 행인을 죽게 만들어 플랫폼에 들어온 수감자가 극중에서 한 말이다. 얼핏 사회과학적 성찰로 보이지만 이 말은 운명론에 가깝다. 수직감독의 수감자들에게 한 달마다 배정되는 층이 랜덤이기 때문이다.

게다가 영화는 세 종류의 사람 외에 가장 중요한 한 종류의 존재를 추가하는데 그것은 바닥에서 꼭대기로 상승하는 자이다. 세 종류의 사람은 이 상승을 설명하기 위한 병풍에 불과하다. 이 상승이 세계사적 운명을 상징하게 하려 했으면 세 종류의 사람의 생존과 죽음은 비운명적으로 그렸으면 좋았을 것이란 안타까움이 든다. 수직감옥에 들고 들어간 책이 〈동키호테〉인 데서 어쩌면 예견됐는지도 모르겠다.

대사에 빗대 말하면 영화를 연출할 때도 세 종류의 감독이 있다. 의미의 위에서 부질없이 부유하는 이, 의미 아래에서 의미와 무관하게 화면만 돌리는 이, 의미 과잉에서 무의미한 화면의 나열로 추락하는 이. 〈더 플랫폼〉 감독이 이 셋 중에 어디에 속하는지는 이미 말한 듯하다. 이 세 종류의 감독은 다른 한 종류의 감독을 돋보이게 하는 역할을 수행하는데, 나머지 한 종류의 감독은 바닥의 디테일에서, 높아서 말하지 않아도 뚜렷하게 펼쳐지는 꼭대기의 의미로 상승하는 이라고 할 수 있다. 이 유형의 감독이 가끔 관객을 말하자면 구원한다.

〈더 플랫폼〉은 그럼에도 곳곳에서 좋은 감각과 상당한 잠재력을 보여줬다. 주제의식 혹은 의미의 무절제가 문제일 뿐 디테일에 나타난 절제는, 혹시나 하고 다음 작품에 기대를 품게 한다. 특히 신의 욕망에 관해 감독의 색깔을 분명히 드러낸 영화적 천착은 신의 욕망을 인간적으로 뒷받침하는 또 다른 확고한 욕망이어서, 영화 밖의 욕망이 영화 안의 욕망을 강화한다고 말할 수 있을 것도 같다.

삶이라는 감옥을 지키는 간수?
혹은 그곳의 무한확장 욕망을 그린 〈비바리움〉

〈비바리움〉 스틸컷

　〈비바리움〉은 삶의 공간을 찾던 커플이 미스터리한 마을의 9호 집에 입주하면서 기이한 경험을 겪고 점점 공포에 빠져들게 되는 이야기를 그렸다. 판타지, 공상, 풍자 등이 어우러진 매혹적이고 독특한 비주얼이 영화적 표현의 특징이다. '비바리움'은 관찰, 연구를 목적으로 테라리엄 속에 작은 동물을 함께 넣어 감상하는 원예 활동을 뜻하는데, 라틴어 원래 의미는 '삶의 공간'이다.

　영화제목이 중의적이긴 하지만 자연스럽게 주제의식이 우러난다. 비바리움은 관찰과 감상을 위한 공간이기 때문에 폐쇄회로로 구성되어야 하고, 관찰대상 생명체의 생존이 가능한 조건이 비바리움 안에 만들어져야 한다. 영화에서 남녀 주인공 젬마(이모겐 푸츠)와 톰(제시 아이젠버그)은 비바리움 안에, 인간이 다람쥐나 장수풍뎅이 같은 생명체를 어떤 공간에 넣듯 사실상 동일하게 넣어진다.

젬마와 톰은 비바리움 안에 넣어졌고, 넣어졌다는 사실을 알지만 무슨 이유로 누가 넣었는지를 모른다. 이러한 설정은 오래 전 유행한 실존주의자들의 인식에 맞닿아 있다. 실존주의자들은 인간을 '던져진 존재'로 이해했고 알베르 카뮈 등을 통해 표현되었듯, 삶을 던져짐 안에서 감내해야 하는 불가해한 버팀으로 받아들였다. 영화 〈비바리움〉에 동일한 인식이 전형적으로 반복되었다고 하여도 틀린 이야기가 아니다.

그들에게 9호 집이 알 수 없는 이유로 배당되었고, 죽음 말고는 탈출할 방도가 없다는 것이 결국 영화 〈비바리움〉의 한 줄 요약이다. 그들은 누군가에 의해 감금되어 관찰되고 사육되며 더군다나 9호 집을 벗어나지 못할 운명이다. 장수풍뎅이나 다람쥐와 같은 운명이지만 장수풍뎅이나 다람쥐가 운명을 인식하지 못하지만 그들은 적어도 인식은 할 수 있다는 차이를 보인다. 그러나 인식이 결코 운명을 바꿔주지 않는다는 점에서 이 차이에서 위로를 받을 수 있는지는 미지수이다.

실존주의 모델과 영화 〈비바리움〉이 다른 점은 비바리움이 작동하는 나름의 설명을 추구했다는 점이다. 영화 시작과 함께 새 둥지를 보여주었다면 당연히 영화의 핵심단서가 그 장면에 담겼다고 봐야 한다. 다른 새의 둥지에서 뻐꾸기 부모가 아닌 이 다른 새의 보살핌 아래 성장하는 '뻐꾸기 새끼'가 단서이다. 쉽게 짐작할 수 있듯이 '뻐꾸기 새끼'는 '보이'에, 뻐꾸기 둥지는 9호 집에 해당한다.

젬마와 톰에게 주어진 '보이'는 아들이 아니다. 삶이라는 감옥에서, 유전정보의 명령에 따라 번식하고 종을 유지하는 무의미한 가장 큰 의미를 보여주고 했다면 실제 생물학적 아들이나 딸을 등장시켰지 '보이'를 등장시키지는 않았을 것이다. 게다가 '보이'의 성장속도는 어마어마하다. 외계인처럼 느껴지는 이 '보이'의 정체는 무엇일까.

비바리움과 마찬가지로 '보이'를 어떻게 이해해도 무방하다. 다만 창작자와 수용자가 모두 납득할 만한 설명을 찾기 위해선 먼저 창작자의 s 의도를 파악해 볼 필요가 있다. 창작자의 의도가 텍스트의 자기진술과 항상 일치하는 것은 아니고, 불일치에서도 종종 흥미로운 독법이 생긴다고 할 때 불일치에 대한 과도한 걱정은 하지 않아도 된다. 다행히도 이 영화에서는 창작자의 의도에서 영화 이해의 실마리를 발견할 수 있다.

〈비바리움〉 스틸컷

배급사의 설명에 따르면 〈비바리움〉이 제시한 기이한 세계관은 감독 로칸 피네건과 각본가 가렛 샌리의 재기발랄한 상상에서 비롯했다. 두 사람은 2008년 후반 글로벌 금융위기로 시작된 부동산 시장 침체가 야기한 아일랜드의 유령 부동산에 주목하였고, "비슷한 모양의 주택 개발이 양자 현상처럼 영원히 지속된다면 어떻게 될까"라는 호기심을 발동시키게 된다. 이 호기심은 2011년, 아무도 없는 주택 단지에 갇힌 젊은 커플을 주인공으로 한 단편 영화 〈여우들〉로 이어진다. 피네건 감독은 여기에다 사회학적이고 철학적인 통찰과 풍자를 결합하면 흥미로운 영화가 만들어질 것이라고 예상하여 이후 8년에 걸쳐 조금 더 영화적 개연성을 갖춰 마침내 〈비바리움〉으로 업그레이드한다.

"이 사회를 살아가는 현대인들이 두려워하는 것은 무엇인가."

피네건 감독은 영화를 만들면서 이런 질문을 던지고 싶었다고 한다. 나의 판단으로는 이렇게 사실적이면서 황당하고, 흡입력 있는 스토리텔링으로 탄생한 영화 〈비바리움〉은 피네건 감독의 의도와 무관하게 그의 질문을 넘어섰다고 본다. 〈비바리움〉은 현대인이 살아가는 이 사회의 두려운 실상을 조명하지, 현대인의 두려움을 질문하지는 않는다. 왜냐 하면 현대인은 이미 오래 전에 두려워할 능력 혹은 의지 자체를 상실했기 때문이다. 두려워할 능력 또는 의지 자체를 상실한 것이야말로 가장 두려워할 일이다.

영화는 인간이 아니라 사회를 그린다. 물론 그 사회가 인간으로 구성되지만 초점이 인간 너머에 맞춰진다. 비유적으로 죄수가 아니라 감옥을 그린다고 말할 수 있다. 영화의 두 주인공이 자신들의 의사와 무관하게 도달하여 탈출하지 못한 마을의 이름 '욘더(yonder)'는 'over there'를 뜻한다. 영화를 보는 내내 매우 사실(寫實)적으로 느껴지면서 동시에 비사실석으로도 느껴지는 까닭은 이 'over there'라는 필터 때문이다. 다시 말해 영화 〈비바리움〉은 정신착란자의 중얼거림이 아니라 논리적 왜곡이란 정연함을 특징으로 한다. 그러므로 논리적 왜곡이 사실(事實)을, 영화 속의 구름처럼 선명하게 보여주지만, 왜곡은 이질감을 산출한다. 이 이질감은 거리감으로 이어져서 통찰의 여유 혹은 깊이를 도출할 역량을 부여하게 된다.

〈비바리움〉의 삶은 〈시지프의 신화〉에서 보여주는 것과 같은 결연함으로 무장한 실존의 사투가 아니다. 〈비바리움〉의 삶은 무기력하게 순응하며 꾸역꾸역 '보이'를 키워내는 쾌적한 현대식 감옥이다.

이쯤에서 '보이'가 무엇을 상징하는지 생각해보자. 당연히 정답은 없다. 그렇다 하더라도 근사치는 있다. 단순무식하게 '보이'와 그의 아버지(?)를 외계인이라고 가정할 수도 있지만, 그렇게 되면 이 영화는 밍밍한 스릴로 가득 찬 볼품없는 SF스릴러로 전락하게 된다. 감독의 생각까지 고려한, 문맥상 가장 그럴 듯 하게 보이는 답은 자본 혹은 시장사회이다. 현대인은, 집을 가진 현대인은 거의 대부분 '보이'를 키운다. 영화의 설정처럼 '보이'를 다 키우면 '욘더'마을에서 탈출할 수 있지만 현실은 극중 톰처럼 땅이나 파다가 그 집 마당에 묻힐 처지이다. '보이'의 놀라운 성장속도는 자본의 탐욕을 분명하게 은유한다.

'보이'가 소리 지르는 장면에서 귄터 그라스의 〈양철북〉을 떠올리게 되는데, 〈양철북〉의 오스카가 성장을 중단한 것과 정반대로 〈비바리움〉의 '보이'는 급속성장한다. 이 대비에서도 〈비바리움〉의 논점은 확실해진다고 하겠다.

제4부

진실, 그리고 욕망의 해소

10장
<유키코>, 감독의 목소리
— 진실에의 욕망, 그 너머

이승민

1. 영화에 들어가기 앞서,
다큐멘터리 영화의 감독 등장

다큐멘터리 영화는 대상을 투명하게 포착하고 관찰한다는 믿음에 기초한다. 다이렉트 시네마의 관습이다. 대상에 집중한 영화는 다큐멘터리 감독의 존재를 지우거나 객관적인 관찰자의 역할에 위치지어 왔다. 그러나 동시대 다큐멘터리 영화에서는 감독이 화면 안에 다양한 방식으로 등장한다. 감독은 일인칭 목소리로 등장하거나 직접 화면에 등장한다. 이때 감독은 관찰자의 자리에서 대상을 설명하기도 하고, 현실을 직접 경험하고 해석하는 자로 존재하기도 한다. 때론 독자적인 히스토리를 가진 인물로 등장해 〈감독〉과 〈대상〉의 경계를 넘나든다. 다시 말해 감독은 관찰의 자리만 아니라 화면 안에서 성찰하고 고백하고 스스로가 대상이 된다. 이같은 변화에는 다큐멘터리 영화의 진실 추구의 욕망과 관련이 있다.

한국 독립 다큐멘터리 영화의 흐름 속에서 감독의 출현은 1990년대 후반이었다. 물론 1990년 후반 이전에도 화면 내 감독은 등장했다. 1980년대 감독은 자신의 목소리를 담은 내레이션을 영상에 넣었으나 이는 실질적이고 경제적인 이유에서였다. 이 시기 감독은 전지적 시점으로 사건을 알리되 '우리'로 수렴되는 목소리, 즉 설명적 내레이션으로 등장하여 사건을 드러내고 고발하는 선전 선동의 역할을 담당했다. 혹은 일인칭 내레이션으로 등장함에도 불구하고 관찰자의 자세를 견지하면서 등장인물과 경험을 공유하는 자의 위치로 자리매김했다.

1990년 후반 이후 감독은 관찰자의 역할에만 머물지 않고, 점차 현실을 경험하는 자 나아가 현실을 만들어가는 자로 적극적으로 작품 속에 등장했다. 감독은 이제 화면 안과 밖을 넘나들면서 자신의 경험과 자의식을 가시적으로 드러냈다. 이 시기에 다큐멘터리 영화에서 새롭게 다큐멘터리 제작 과정을 다룬, 다큐멘터리에 대한 다큐멘터리 영화가 등장했다. 대상의 이야기라는 하나의 축과 대상을 찍는 과정이라는 또 다른 축을 담은 다큐멘터리 영화는 감독의 화면 출현과 맞물려 등장했다. 감독의 역할을 수행하는 과정이 기입된 것이다. 현실의 우연성뿐 아니라 감독의 개입까지도 그대로 보여줌으로서 다큐멘터리 영화를 보다 진정성 있게 만들었다.

현실의 기록과 진실 추구를 지향하는 다큐멘터리 영화는 그 환상성 마저도 솔직하게 드러내 보다 진실에 가닿고자 했다. 이에 영화는 감독, 제작과정, 영화 이 세 요소 모두 드러내어 관객이 인지하도록 열어놓는 방식을 취해왔다.[1] 다시 말해 다큐멘터리 영화 역시 구조적으로 설계되었다는 점을 드러내면서 '다큐멘터리 영화는 중립적이고 객관적인 기록물'이라는 환영을 관객에게 노출시켜 진정성을 보여주는 것이다.[2] 이미지에 대한 믿음이 상실된 디지털 시대에 감독의 실체와 제작과정의 노출은 다큐멘터리의 진정성을 드러내는 방안으로 간주되어 왔다. 이처럼 다큐멘터리 영화에서 감독의 등장은 화면 속 현실에 참여하고 개입하고 나아가 창조하는 방식으로 다큐멘터리의 진실을 고민하고 확장하는 방법의 일환이다. 카메라를 든 감독은 주어진 현실만을 충실히 담아내고 기록하는 매체

---

1 Jay Ruby, "The Mirrored : Reflexivity and the Documentary Film, Alan Rosental (ed), New Challenges for Documentary, Berkeley: University of California Press, 1988.

2 Jean Allen, "Self-reflexivity in Documentary", Ron Burnett (ed), Explorations in Film Theory, Indiana University Press, 1991.

라기보다 그 역시 현실의 일부이고, 감독은 자신이 발담은 현실을 감독이 적극적이고 능동적으로 재창조할 수 있음을 고민한 흔적이기도 하다.

2. 여성의 목소리로 여성을 담다

〈유키코〉 어머니 옆모습

여성 삼대를 다룬 다큐멘터리 영화 〈유키코〉(노영선, 2018)에서는 감독의 목소리가 등장한다. 감독은 작품에서 자신의 시선과 목소리로 스스로의 가족사와 한국 현대사를 엮어냈다. 이 작품을 통해 감독의 역할에 있어 기존 흐름에서 새로운 지점을 만날 수 있다. 영화는 강화도에 거주하는 '여자'와 오키나와에 살았던 '유키코'를 다룬다. 여자와 유키코는 감독의 어머니와 외할머니다. 가족을 부르는 3인칭 호칭에서 이미 드러나듯이 영화는 자기 가족사를 다룬 여느 작품과는 달리, 거리두기 전략을 효과적으로 활용한다. 감독은 관찰자도 경험자도 아닌, 나와 너도 아닌, 거시사도 미시사도 아닌, 그 사이를 넘나드는 어느 지점에 서서 침묵(당)한 그녀들의 삶을 '기억'한다. 이때 감독의 목소리는 기억의 목소리이지만 당사자의 기억이 아닌 후세대의 기억의 소리이다. 감독은 "기억의 전달자"라는 새로운 위치를 드러낸다.

〈유키코〉는 두 여자의 두 공간을 다룬다. 현재 강화도에 살고 있는 여자는 평양에서 태어나 다섯 살에 월남하여 군인 아버지와 학교에서 반공·반일 교육을 받으며 자랐다. 여자는 어머니가 일본인이며 그녀가 한국전쟁을 피해 일본으로 돌아갔다는 사실을 오랫동안 알지 못했다. 이어, 영화는 오키나와의 여자로 향한다. 여자는 도쿄에서 태어나 오키나와 요양소에서 삶을 마감한다. 일제강점기에 한국 남자를 사랑했고 한국에서 아이를 낳았으나 광복과 한국전쟁 기간에 일본으로 돌아갔다. 영화는 시작하고 한참 후에야 두 여자가 모녀 관계이고, 두 여자가 영화 속 목소리의 주체인 감독의 어머니와 외할머니임을 알린다. 영화는 연대기적이지도 않고 인과적이지도 않다. 기억의 형상처럼 끊임없이 현재로 돌아오지만 과거로 접속은 우연적이고 유연하다. 무엇보다 성찰적인 기억의 소리는 누군가를 대변하는 방식이 아닌 감독을 비롯해 여자들의 공간과 삶을 응시한다.

영화는 인물을 다루고 있지만, 인물의 얼굴을 보여주지 않는다. 인물을 재현하려고 애쓰지도 않는다. 영화는 두 여성의 현재 혹은 마지막으로 거주한 공간을 담고 있다. 그렇다고 영화가 강화도의 역사나 오키나와의 역사로 향하지도 않는다. 두 공간은 두 여자의 현재 일상의 공간이자 흔적과 기억을 품고 있는 공간이다. 영화는 이처럼 얼굴 없고 말 없는 심지어 단절되어 있는 두 여자를 딸이자 손녀인 감독 자신의 목소리로 이어내면서 어디에도 속하지 못한 두 여자를 이질적인 타자로 드러낸다. 감독의 목소리는 비가시적이고 침묵 당한 자의 목소리를 대변해 사회적 유령으로서 침묵 당한 이들의 목소리를 회복시키는 역할을 하는 듯하지만, 영화는 실상 그 역할에도 크게 주의를 기울이지 않는다. 감독의 목소리는 대변자나 매개자 보다는 두 여자의 딸이자 손녀인 후속 세대로서 자신의 자리를 놓치 않기 때문이다. 영화 〈유키코〉에서 감독의 목소리 즉 감독의 말하기는 감독의 자리에서 감독이 알고 바라본 '그녀'들의 존재를 '재기억'하는 작업이다.

3. 기억의 목소리가 던지는 몇 가지 질문

감독의 말하기는 영화의 주요한 서사 방법이다. 영화는 시종일관 거리 두기를 유지하면서 말하는 감독의 화법을 통해 그녀의 시선과 위치 나아가 역할을 성찰적으로 드러낸다. 차분하게 감독의 목소리로 두 여자의 삶

〈유키코〉 어머니 옆모습

을 전달하던 영화는 딱 한순간 한 여인의 얼굴과 목소리에 멈춘다. 해변에서 만난 또 다른 '그녀'는 오키나와 나고야에서 태어나 할머니로부터 전해들은 전쟁의 경험을 말한다. 감독과 동시대의 그녀는 마치 자신의 경험인 양 생생한 기억을 풀어낸다. 할머니의 기억을 전달받은 이 여자는 감독과 닮은 듯 다르다. 이전 세대의 기억을 전달하고 있다는 점에서 둘은 닮았지만, 감독은 이전 세대 두 여자에게서 기억을 전달받지 못했다. 자신의 어머니는 딸에게 외할머니 이야기를 한 적이 없고, 외할머니 유키코도 한국 딸과 한국인 남편 이야기를 한 적이 없다. 기록도 부재하고, 전달되기는커녕 말조차 되어 지지 않은 (개인의) 역사는 어떻게 기억되고 기록될 수 있을까? 혹은 기록 되어야 할까?

영화는 개인사에 내재된 역사의 기억을 풀어내면서, 기억 전달의 대안적 방법을 일깨우는 동시에 기억 전달의 한계를 드러낸다. 기억을 전달받은 일본 오키나와 손녀는 화면에 신체(실존)를 드러내고, 기억을 전달받지 못한 감독-나는 신체 없는 목소리로 마치 유령처럼 함께한다. 그렇게

그럴 시간도 없이 계속 도망쳤지
I continued to flee and flee.

〈유키코〉 일본 손녀

동시대를 살아가는 두 손녀의 목소리는 같지만 다른 목소리이고, 전 세대의 기억이지만 다른 결의 기억이다. 두 사람이 말하는 오키나와의 그녀는 유키코이기도 하고 유키코가 아니기도 하다. 유키코는 겹쳐졌다가 분산되고 실종되기 때문이다. 그리고 영화는 다시 묻는다. "기억할 수 없는 사람(삶)을 애도할 수 있을까?"

이즈음 되면 영화의 존재 자체에 대한 물음을 던지게 된다. 〈유키코〉는 엄마의 엄마일까? 엄마가 제안한 영화 속 인물일까? 아니면 감독의 외할머니일까? 감독의 영화 속 인물일까? 영화는 강화도의 여자 (엄마)와 오키나와의 여자 (외할머니) 사이에 자막으로 유키코의 이야기를 마치 무성 영화의 한 장면처럼 가볍고도 유머스럽게 담아낸다. 그리고 오키나와 방문을 마칠 즈음 영화는 말한다. "찾지 못했다"고. 지금까지 오키나와 그녀는 누구일까? 그리고 찾지 못한 사람의 기억과 흔적은 어떻게 담아낼 수 있을까?

4. 기억의 형상/들

영화는 검은 화면 위에 작게 움직이는 불빛으로 시작한다. 어둠 속에 묻힌 기억을 찾아가는 문이자 여행 같다. 영화는 경계인으로서 두 여자의 삶을 그들의 공간을 통해 담는다. 한 여자는 반공과 반일 교육을 받고 성장했지만 일본인 어머니에 북한 출생이다. 또 다른 여자는 일본인이지만 일제 강점기에 한국 남자와 사랑에 빠져 북한에서 아이를 낳고 일본 패전

〈유키코〉어머니의 공간 – 텅 빈 길

욕망의 모모(某某)한 대상 – 영화 속 욕망 이야기

〈유키코〉 외할머니의 공간 – 텅 빈 바다

후 아이를 두고 일본으로 돌아가 침묵하며 살았다. 아군과 적군의 이분법
적 세계관에서 그들은 "시작을 찾을 수 없는" 혹은 "시작부터 안개 속을
걸어온" 인생이다. 그렇게 유키코는 "딸을 두고 온 곳에서 길이 멈춰"진
채 삶을 살아가야 했던 인물이자 경계인을 표상한다. 영화는 구체적인 지
명과 달리, 텅 빈 길, 집, 바다와 같은 부유하는 공간의 이미지 속에 명확
한 실체를 드러내지 않는 유령 같은 존재로 인물이 담겨진다. 두 여성의
삶은 역사의 산물이지만 잔여물로 좀체 드러나지 않은 삶을 표상하기도

하다.

또한 영화는 닮음과 반복을 이야기한다. 감독은 각기 다른 시대, 다른 공간이지만 어머니와 외할머니의 삶을 묘하게 닮도록 배치한다. 두 여자는 오랫동안 살던 곳을 갑작스럽게 이사하고, 새소리를 좋아하고, 요양소 혹은 유사 요양소 같은 공간에서 살아가며, 궁극적으로는 딸과 이별해 살아가야 하는 삶조차 닮은꼴로 이어낸다. 공간화된 여성은 멈추어진 채 닮거나 반복하고 있는 셈이다. 그 딸인 감독 역시 정주하고 있지 않다.

감독-나의 목소리는 따라서 그런 두 여자의 삶을 기존의 증거중심적인 관찰적이거나 체험적인 양상에서 벗어나 고백적이고 성찰적인 양상을 통해 진정성을 드러낸다. 거기에는 후속세대로서, 말 없는 자의 말과 기억을 전달하지 않거나 못한 자의 말, 일명 괄호 안에 묻힌 기억을 전달해야 하는 책무가 묘하게 읽힌다. 영화는 감독 자신을 부름에 응답하는 "책임자"로 논하고 있다. 책임은 한자로는 잘못을 떠맡는다는 의미가 강하지만 영어로는 response와 ability가 합쳐진 응답할 수 있는 능력이다. 영화는 두 여자를 애써 이해하거나 설명하지 않는 대신, 혹은 그녀들에게 애써 말을 듣거나 목소리를 부여하는 대신, 그녀들의 상황과 감정에 응답하는 자신만의 리듬과 방식을 취한다. 두 공간을 오가며 두 여성을 차분히 읽어내는 영화는 두 여성과 자신을 또한 이어내면서, 서로가 "상상" 가능하며 "이해" 가능한 지점을 만들어낸다.

여성 삼대의 가족사를 다루고 있는 〈유키코〉는 한편으로는 구체적이고 개별적으로 개인의 내밀한 경험 속에 내재하고 있는 역사적 기억을 들추어내지만, 다른 한편으로는 공식 역사의 이분법적 대립에 대항하는 풀뿌리 기억을 대안적인 방식으로 형상화한다. 그리고 감독 자신의 성찰적 목소리를 통해 개인의 이야기라는 위치를 구축하면서 가족의 이야기를 역사의 이야기로 확장한다. 감독의 목소리는 관습적인 방식으로 인물과 역사를 엮어내는 영웅담이나 인물과 사건을 설명하고 계몽하는 방식과 무관하게, 현재 공간과 위치에서 말하는 자의 위치와 역할을 고민하면서 과거 은폐되고 무시되어온 여성사를 전달하고 책임지고자 한다. 괄호 안에 묶인 기억의 역사 쓰기를 새롭게 제안한다.

11장
꿈꾸기를 통한 욕망의 해소
− <카이로의 붉은 장미>

정재형

〈카이로의 붉은 장미〉 포스터　　　〈카이로의 붉은 장미〉 포스터 2

영화를 통한 욕망충족

우디 앨런(Woody Allen)감독의 영화 〈카이로의 붉은 장미 (The Purple Rose of Cairo)〉(1985)는 영화와 삶이 다르지 않다는 의미를 단적으로 잘 보여준다. 영화의 스토리는 현실에서 부부관계가 좋지 않은 한 여성 주인공 시실리아가 영화 속의 인물 톰과 사랑에 빠지지만 결국 현실로 다시 돌아온다는 얘기다.

제목 '카이로의 붉은 장미'가 암시하는 바는 낭만적인 사랑, 순수하고 영원한 사랑의 가치다. 전설에 의하면 파라오가 사랑하는 왕비에게 그려준 붉은 장미가 그녀가 죽은 후 그녀의 무덤가에서 실제로 피어났다는 것이다. 영화 속에서 모험가인 톰은 그것을 찾으려 한다. 현실에서 낭만적인 사랑을 갈구하던 시실리아는 톰을 이상적인 남자로 생각한다. 그녀의 상상은 현실에선 일어날 수 없는 낭만적인 사랑의 이야기로 전개된다.

영화의 처음 부분을 보자. 남편에게 박대받는 장면이다. 여주인공 시실리아는 영화광이다. 영화 처음 장면에는 개봉영화를 기다리는 그녀의 모습, 몰두 되어 있는 그녀를 볼 수 있다. 이어 지붕에서 무언가 떨어지고 그제야 현실로 돌아오는 모습이다. 이 장면은 현실에서 이탈해 그녀만의 심리적 공간으로 들어가 있는 모습과 물건이 떨어지는 소리를 경계로 현실의 세계가 펼쳐지는 두 세계의 간격을 명확히 보여준다. 이 첫 장면은 이후 영화가 현실과 그녀의 심리 세계, 두 공간과 시간을 교차하면서 전개된다는 것을 단적으로 암시한다.

사람들은 왜 영화를 볼까? 영화속 그녀의 시선처럼, 그건 욕구와 갈구와 결핍의 시선이다. 영화는 현실에서 못다 이룬 우리의 욕망과 결핍과 소원을 충족시켜주는 그 대상이다. 영화를 보는 사람의 심리는 현실의 불만이 차있는 상태다. 스트레스라는 것은 꽉 차서 막혀있고 답답하다는 것이다. 그것을 해소하는 방법은 두 가지. 막힘의 원인이 되는 문제를 풀거나 아니면 잠시 도피하는 것. 여행을 가는 것도 일을 해결하고 가기도 하지만 그냥 놔둔 채 무작정 떠나기도 한다. 일단 갔다 오면 그 사이에 마음이 풀리고 해결책도 떠올라 현실에 복귀한 후 문제를 대하는 자세가 훨씬 유연해지고 쉽게 문제를 해결할 수 도 있기 때문이다.

우리가 스트레스에 직면했음에도 둘 중 하나를 선택하지 않으면 어떻게 될까? 폭발하고 만다. 풍선에 한없이 공기가 주입되듯, 바람을 이기지 못하는 풍선이 폭발하고 말 듯, 스트레스는 밀려오고 터져버리고 만다. 군인이 탈영하거나 부부가 이혼하는 것도 그런 것중 하나다. 스트레스가 찼을 때 잘 놀고 나면 문득 풀리는 것도 그런 이유다.

〈카이로의 붉은 장미〉 스틸컷

스트레스와 욕망의 결핍, 폭발

시실리아는 불성실하고 폭력적인 남편, 자상하지 않은 남편에 대해 불만을 느낀다. 남편은 자기중심적 남자다. 인간은 누구나 자기중심적이다. 남편만 자기중심적이라고 말하는 것은 모순이다. 여자도 자기중심적이다. 하지만 여기선 부부의 윤리, 가족의 명분을 말하는 것이다. 아기가 없는 걸로 봐서 젊은 부부 같지만 그리 젊어 보이지 않는다. 그들에겐 애가 생기지 않은 어떤 이유가 있는 것 같다. 애가 없다 보니 여자는 남편과 같이 많은 시간을 보내고 싶어 한다.

하지만 남편은 밖으로 돌기만 하고 아내에게 의존하면서도 아내를 위해서는 헌신적이지 않다. 아이가 없어서인지 아내는 남편과 같이 정답게 영화보길 원한다. 하지만 남편은 바쁘다는 핑계를 대고 그사이에 다른 여자와 바람도 피운다. 집을 나갔지만, 아내는 갈 데가 없다. 직장에서도 해

고되어 일자리도 없고 경제력도 없기 때문에 갈 데가 없다. 다시 집으로 돌아오지만, 그녀의 스트레스는 풀리지 않는다. 그녀는 남편을 사랑하고 남편도 자신을 사랑해주길 바란다. 하지만 남편은 자신을 사랑하지 않고 이용만 한다. 그녀는 스트레스가 쌓이고 폭발하기 직전이다.

그녀는 '카이로의 붉은 장미'라는 영화 속에서 사랑하는 남자를 발견했다. 그 남자 때문에 영화를 다섯 번이나 보게 되었다. 그런데 문득 이상한 일이 생겼다. 영화 속의 그 인물이 자신을 알아보고 마침내 스크린에서 뛰쳐나온 것이다.

영화는 비현실, 초현실의 상상

톰이 뛰쳐나오는 장면, 영화속 인물과 관객이 대화하는 장면을 상기해 보자. 우리가 영화를 보러 가는 이유 중 하나는 이런 장면을 보기 위해서다. 현실보다 좀 더 이상한 장면이 없을까. 현실에선 있을 수 없는 그런 장면이 어떻게 가능할까? 이런 궁금증과 신기함을 갖고 영화관을 찾는다. 그게 영화가 우리에게 주는 즐거운 볼거리다.

톰이 스크린에서 나가자 극장 안은 소동이 일어난다. 재미있는 건 영화 속 인물들도 현실처럼 움직인다는 거다. 톰이 나가니까 톰이 하던 스토리는 진행되지 못한다. 바로 '만약에...'라는 주문에 걸린 것이다. '만약에...'가 이렇게 된다면? 이것이 상상력이다. 이 장면은 상상력의 재미를 가장 잘 보여준 부분이다.

이 장면은 또한 여주인공의 상상 장면이다. 그녀의 욕구를 현실처럼 연장해 보여준 것이다. 그녀는 영화를 보면서 자신이 원하는 장면으로 영화를 만들어보고 싶었다. 영화는 관객들의 욕구불만, 소원을 충족시켜 주는 대리역할을 한다. 이 장면은 단적으로 영화와 삶의 관계를 보여준다.

관객은 영화를 보고 있다. 영화 속의 인물들은 그 안에서의 세계 속에서만 살아가고 있다. 현실 속의 관객들은 영화 속으로 들어갈 수 없고 영화 속 인물들은 현실 속으로 들어갈 수 없다. 영화는 현실의 그림자다. 실체가 아니면서 실체를 통해 반영된 가짜 현실이다. 영화는 현실을 떠나서 존재할 수 없다. 그림자가 사람을 떠나서 존재할 수 없듯 말이다. 그렇다고 영화가 현실 자체는 아니다. 그림자가 사람의 모습을 반영한 그림이듯 말이다. 따라서 영화는 허상이고 본질은 현실이다. 톰은 관객 속 여주인공을 알아본다. 이 부분부터 여자의 상상이 시작된다. 이후의 스토리는 시실리아가 만든 것이다.

〈카이로의 붉은 장미〉 스틸컷

영화와 꿈

시실리아와 톰이 춤추는 장면. 둘이 춤추면서 하는 모든 말은 시실리아의 마음속 소망이다. 그녀는 자신의 춤이 형편없다고 말하지만, 그녀의 소망은 그것을 너그럽게 봐주는 남자다. 남편은 춤을 추고싶어 하는 자신과 한 번도 춤을 추지지 않았다. 그녀는 자신의 상상 속에서 이상적인 남자와 춤을 추면서 자신이 바라는 모든 소망을 성취한다. 말하자면 상상은 꿈과 같다. 영화는 그런 점에서 꿈과 유사한 성격을 갖는다. 영화를 보는 행위는 꿈을 꾸는 행위다.

꿈이란 무엇일까? 꿈은 일상에서 경험하는 신비이다. 누구도 꿈을 왜 꾸는지 정확히 알지 못한다. 꿈이란 무의식에서 일어나는 일이고 프로이트나 융 같은 심리학자들에 의해 해석되긴 한다. 그들에 의하면 꿈은 억압된 의식이 무의식에서 발산되는 것으로 본다. 그 이론에 의하면 영화 속에서 시실리아의 억압된 의식은 자신의 상상 속에서 발산된다. 이 장면은 현실처럼 일어나지만 영화다. 현실에서는 꿈에서만 가능하다. 따라서 꿈과 영화는 같은 과정을 보여준다. 이 영화는 시실리아의 현재 의식과 그녀가 꿈꾸는 걸 보여준다. 꿈이 아니고 현실처럼 보여준다. 그게 영화이다. 자신이 등장하는 것만 그녀의 꿈이 아니다. 다른 인물도 그녀의 상념에서 만들어진 스토리의 일부다.

꿈은 억압된 의식의 위로

그녀는 자신이 상념 하면서도 그것이 꿈이라는 걸 의식한다. 우리가 꿈을 꾸면서도 이건 꿈이야 하고 한편으로 생각하는 것과 같다. 그녀는 톰이 현실의 인물이 아니므로 비록 꿈이지만 이 상황을 불안해한다. 또한 자신이 유부녀로 이상적인 남자를 만난다 해도 그와 영원히 사랑할 수 없다는 점에 대해서도 불안해한다.

남편과의 안정이 깨어지면서 그녀는 새로운 이상을 향한 동경이 시작되고 그것이 또한 쉽지 않다는 불안감 때문에 괴로워한다. 톰은 그녀의 불행한 결혼생활을 말하면서 시실리아를 위로하고 든든한 지주가 되어준다. 이것이 바로 시실리아가 평소에 원했던 거다. 그녀에겐 위로가 필요했고 정신적 지주가 필요했다.

영화는 억압을 발산하는 매체

사창가의 톰 장면. 톰은 사창가를 가지만 창녀들의 유혹에 넘어가지 않는다. 그는 오직 시실리아만을 사랑한다고 말하며 창녀들을 감동하게 한다. 이 순정남의 이미지는 시실리아가 바라는 이상적인 남성상이다. 이 장면에서 남자들의 욕망인 섹스와 여자들의 상실된 욕망인 가족과 아이에 대한 내용이 서로 충돌하는 것을 보여준다. 창녀들은 톰을 유혹하기 위해 끊임없이 섹스에 대해 말하지만, 톰은 생명의 신비인 출산과 우주의 창조 같은 철학적 문제를 꺼낸다. 결국, 창녀들은 톰의 얘기에 도취하여 자신들의 상실된 욕망, 슬픈 처지에 빠진다. 이런 이야기의 방향은 바로 시실리아가 원하는 내용이다. 출산에 대한 찬미, 아이에 대한 사랑은 어쩌면 시실리아의 심정을 나타낸 것이라 보인다. 그녀는 현실에서 불임여 성일 수도 있다. 그래서 남편에게 더욱 박대를 받았는지 모른다.

〈카이로의 붉은 장미〉 스틸컷

마지막에 톰은 창녀들의 유혹에 빠지지 않고 시실리아에 대한 완전한 사랑의 언어를 구사한다. 창녀들의 유혹이란, 재미는 창녀들하고 보고 결 혼생활은 아내하고 하라는 꿩 먹고 알 먹는 식의 제안이다. 남자들이 거 절하기 힘든 이 제안을 톰은 보기 좋게 거절한다. 창녀들은 감동하고 그 녀들의 모습은 남자를 유혹하는 비천한 여자의 모습이라기보다 이상적인 남자의 사랑을 원하는 평범한 여자의 모습으로 보인다. 여자들이 몸을 파 는 것이 시실리아가 보듯 사랑을 잃고 행복을 잃었을 때 취할 수 있는 방 도라는 생각을 하게 한다. 물론 생활고에서 기인하는 것이지만 말이다. 생활고 역시 따지고 보면 행복한 가정이 파탄 나거나 결손가정 상황에서

발생하는 것이 원인이다

여자들은 출산의 신비, 아이들에 대한 애착에서 자신의 처지에 동화된다. 외로운 여자들의 가족에 대한 그리움이다. 톰은 그녀들을 위로한다. 유혹적인 창녀들 앞에서 섹스 생각 외에 애들과 가족에 대한 상실감을 위로해주는 다정한 남자가 현실적으로 어디 있을까? 하지만 영화니까 가능하다. 그런데 그 내용이 여성 시각으로 되어있다는 것이다.

꿈과 현실의 모호함

시실리아와 길이 노래하면서 친해지는 장면. 한편으로 시실리아는 톰 역할을 했던 실제 배우 길과 만나게 된다. 그런데 그녀는 길에 대해 평소 관심을 두고 있었기 때문에, 길은 자신에게 관심을 두는 시실리아를 사랑하게 된다. 시실리아 역시 길을 사랑하게 된다. 이 장면 역시 시실리아의 상상이다. 시실리아는 톰을 사랑하지만 왜 또 현실의 길마저 사랑하는 이야기로 상상하게 되었을까?

시실리아는 영화 마니아다. 영화 초반부에는 남편에게 영화를 보러 가자고 하지만 거절당한다. 남편과 같이 영화를 보는 즐거움은 그녀의 결혼생활에서 꿈꾸던 것이다. 그녀는 영화 마니아기 때문에 영화배우에 대해서도 흥미를 갖고 있다. 만일 실제 영화배우가 자신을 기억해주고 사랑해준다면 그가 얼마나 고마워할 것인가에 대한 상상에서 시작한다. 그녀는 톰도 사랑하지만 길 역시 자신과 잘 맞는 이상적인 남자가 될 거라는 상상을 한다. 어찌 보면 그녀의 과대망상이지만 상상 속에서 그녀는 억압에서 해방되어 즐겁다.

그녀는 길과 대사를 주고받다 키스를 하면서 꿈이 현실이 된다. 동시에 이 장면은 그녀가 영화속 인물이 되는 것과도 같은 착각을 준다. 비록 대사만 주고받지만 이들은 마치 영화 속 두 인물이 대사하고 사랑하는 것처럼 진지하다. 감독은 영화와 삶의 구분, 경계를 흐려버린다. 무엇이 영화고 무엇이 삶인지 혼란스럽다.

〈카이로의 붉은 장미〉 스틸컷

영화 보기를 통한 긍정적 꿈꾸기

영화 속 인물들 장면을 보면 인물들이 새로운 자각을 한다는 기상천외한 현실을 보여준다. 그들 중 한 명은 자신들을 이용해 이윤을 취하는 사람들을 비난하면서 독립에 대한 저항 의식을 보여준다. 또 다른 사람은 자신이 속한 영화가 진짜 현실이고 이를 지켜보는 관객이 있는 곳이 바로 그림자라고 말한다. 영화 속 인물들은 스스로가 현실이고 관객들이 허상이라고까지 말한다. 영화가 현실이고 현실이 영화라는 것이다. 진리의 상대성을 주장한다. 현실과 삶은 경계가 없어진다. 이번엔 정말 놀랄만한 일이 벌어진다. 영화에서 인물이 나왔듯이 현실의 인물이 영화 속으로 들어간다.

톰과 시실리아가 영화 속으로 들어가는 장면이 그것이다. 톰과 시실리아는 영화 속으로 들어감으로써 영화는 더 이상 영화가 아니라 현실이 된다. 그렇다고 본래 현실이 없어진 것도 아니지만 현실과 영화는 경계가 없어진다. 새로 추가된 시실리아에 의해 본래 영화의 줄거리는 엉망이 되고 새로운 이야기가 전개된다. 물론 현실의 시실리아가 상상으로 구성한 것이고 그녀의 소원대로 풀어져 가는 이야기다.

두 남자 사이에서 고민하는 시실리아를 보면 시실리아는 자신이 동경하던 세계에 놓여있는 것을 실감한다. 여전히 꿈이 지속되고 있다. 시실리아는 톰과 길 두 남자의 사랑 사이에서 누굴 선택해야 할지 행복한 고민에 빠진다. 꿈에서나 있을 법한 일이다. 현실에서 그녀는 정반대에 놓여있다. 아무도 그녀를 사랑하지 않고, 포악하며 자신을 사랑하지 않는 남편에게 지배되고 갇혀있지만 상상 속에서 그녀는 이상적인 두 남자의 동시 사랑을 받고 어떤 선택을 해야 할지 고민에 빠져있다. 현실에서 가능하지 않다는 점에서 꿈과도 같다.

영화의 마지막에 시실리아는 실제 인물 길을 선택했지만 보기 좋게 차이고 만다. 현실은 영화와 달리 배신을 밥 먹듯 한다. 그래서 그녀는 울먹이며 다시 영화관을 찾고 변하지 않는 현실에서 그녀가 할 수 있는 유일한 행동, 영화 보기를 계속한다. 그녀는 새로운 영화를 통해 위로 받고 다시 현실에서 일어날 수 없는 꿈꾸기를 지속한다. 이러한 시실리아의 행위가 병적인 것이기만 할까? 시실리아는 현실에서 더 이상 살아갈 희망이 없기 때문에 극장 아니면 갈 곳이 없다. 그건 병이긴 하지만 동시에 구원이기도 하다. 영화를 통해 자신의 상처입은 마음을 치유하는 것이다.

| 참고문헌 |

제1부 몸, 파국, 욕정

1장 <두 개의 사랑>에서의 쌍둥이 모티브와 욕망, 죽음, 환상의 거울

김만수, 「'두 형제' 이야기의 원형과 현대적 변용」, 『구보학보』, 24호, 구보학회, 2020.

김성일, 「안드레이 타르코프스키 영화 속의 거울 이미지」, 『스토리앤이미지텔링』, 3권, 건국대학교 스토리앤이미지텔링연구소, 2012.

김자현, 「쌍둥이설화 연구」, 『남도민속연구』, 14권, 남도민속학회, 2007.

박수미, 「스탠리 큐브릭 영화의 기호와 심리」, 『현대영화연구』, 24권, 한양대학교 현대영화연구소, 2016.

서곡숙, 「<두 개의 사랑>에서의 쌍둥이 모티브와 거울 이미지」, 『콘텐츠학회논문지』, 제20권 제9호, 2020.

손성우, 「영화 <기생충>의 욕망의 자리와 환상의 윤리」, 『영화연구』, 81호, 한국영화학회, 2019.

스티븐 리더, 「에덴 되찾기: 아르노프스키의 『샘』에 나타난 죽음공포의 정복」, 『문학과종교』, 16권 3호, 한국문학과종교학회, 2011.

최혜원, 「성인 쌍둥이의 성장과정에서의 정서적 경험에 대한 내러티브 탐구」, 『한국동서정신과학회지』, 21권 1호, 한국동서정신과학회, 2018.

츠베탕 토도로프, 최애영(역), 『환상문학서설』, 일월서각, 2013.

제4부 진실, 그리고 욕망의 해소

10장 <유키코>, 감독의 목소리 – 진실에의 욕망, 그 너머

Jay Ruby, The Mirrored : Reflexivity and the Documentary Film, Alan Rosental (ed), New Challenges for Documentary, Berkeley: University of California Press, 1988.

Jean Allen, "Self-reflexivity in Documentary", Ron Burnett (ed), Explorations in Film Theory, Indiana University Press, 1991.

욕망의 모호한 대상
영화 속 욕망 이야기

초판 1쇄 발행   2021년 1월 1일

지은이   서곡숙, 최재훈 외
펴낸이   성일권
펴낸곳   (주)르몽드코리아
편집부   최승은, 김유라
디자인   조예리
일러스트   김현지
인쇄·제작   (주) 디프넷

펴낸곳   (주)르몽드코리아
주소   서울특별시 마포구 양화대로 1길 83 석우 1층
출판등록   2009. 09. 제2014-000119
홈페이지   www.ilemonde.com
SNS   https://www.facebook.com/ilemondekorea
전자우편   info@ilemonde.com

ISBN   979-11-86596-20-3

이 도서의 국립중앙도서관 출판예정도서목록(CIP)은
서지정보유통지원시스템 홈페이지 (http://seoji.nl.go.kr)와
국가자료공동목록시스템 (http://www.nl.go.kr/kolisnet)에서 이용하실 수 있습니다.